Nutrición Natural

Lunwerg es un sello editorial de Editorial Planeta, S. A.
Avenida Diagonal, 662-664 - 08034 Barcelona
Calle Juan Ignacio Luca de Tena, 17 - 28027 Madrid
lunwerg@lunwerg.com
www.lunwerg.com
www.instagram.com/lunwerg
www.facebook.com/lunwerg
www.twitter.com/Lunwerglibros

Diseño y maquetación: @harena.studio, www.harena.studio

Primera edición: octubre de 2023
Depósito legal: B. 11.860-2023
ISBN: 978-84-19466-97-6
Impresión y encuadernación: Talleres Gráficos Soler
Printed in Spain - Impreso en España

PEFC Certificado
Este libro procede de bosques gestionados de forma sostenible
PEFC
PEFC/14-38-00305
www.pefc.es

El papel utilizado para la impresión de este libro está calificado como **papel ecológico** y procede de bosques gestionados de manera **sostenible**.

ELKA MOCKER

Nutrición Natural

LUNWERG
EDITORES

A la vida. Al hilo que lo teje y sostiene todo. A la creación.

Al conocimiento ancestral y sagrado en nosotros que nos susurra con cariño y con paciencia el camino de vuelta a casa.

A las personas que aman. A las que cuidan. A las que despiertan. A las que comparten y alzan su voz.

A mi madre, quien con su presencia infinita me muestra, siempre, el verdadero significado de la palabra amor.

Y a mi abuela Conchita, de quien aprendí a cantarle a la vida.

Y muy especialmente a ti, que no te conformas, que buscas, exploras y hoy confías en mí. Es un honor acompañarte por las páginas de este libro.

Índice

Introducción

Escribo y cocino este libro a modo de invitación.

Mi alma brincará de alegría y yo me sentiré profundamente contenta si gracias a él consigo ayudarte a recordar lo más básico y esencial.

Nosotros, los seres humanos, somos naturaleza.

Y solo debemos realinearnos con ella si deseamos tener salud.

Si hoy en día estamos más enfermos y desvitalizados que nunca es, precisamente, porque en la era industrial y digital nos hemos olvidado de este gran detalle.

Todo en la naturaleza tiene un biorritmo —una inteligencia profunda, ancestral y sigilosa— presente en absolutamente todo lo que acontece. Todo tiene su orden, todo danza en perfecta armonía. El sol amanece cada día para llenarnos de vida; el ecosistema es perfecto. Todo en la naturaleza cumple su función: algunos animales son polinizadores, otros se alimentan de los frutos de la tierra o de otros animales. Sus excrementos nutren la tierra, en simbiosis con las bacterias y microorganismos presentes en ella le brindan el abono perfecto para su óptimo equilibrio y nutrición. Una tierra sana y llena de vida se regenera, autoabastece y nos brinda alimentos perfectos, repletos de vida y nutrición. Todo, absolutamente todo, sucede en perfecto equilibrio. Al menos, así era hasta que algunos humanos comenzaron a saltarse sus leyes sagradas para obtener un mayor enriquecimiento y productividad.

Justo ahí empezó el desastre.

Y nosotros, poco a poco, sumidos en el modo de vida moderno, hemos olvidado cómo funciona el planeta que nos provee de toda vida, hemos olvidado que, al conectar con la naturaleza, conectamos con nosotros mismos.

En los últimos años, hemos confiado en una industria alimentaria que tan solo piensa en vender y enriquecerse.

De esta forma, y también arrastrados por la vida en las ciudades, nos lanzamos a consumir productos artificiales, alimentos adulterados llenos de aditivos, herbicidas, fungicidas, agroquímicos, conservantes, colorantes, emulsionantes, potenciadores de sabor, hormonas, antibióticos, aromatizantes; estos, aunque mejoran la producción de los alimentos, su conservación y sus características organolépticas, lo hacen a expensas de nuestra salud.

No es cuestión de culparnos; durante los últimos tiempos, confiamos sin hacernos preguntas. No obstante, ya empezamos a tener suficiente información como para observar, macerar, digerir y sacar nuestras propias conclusiones.

El sistema alimentario actual, unido a nuestro estilo de vida, nos ha llevado al borde del abismo de la salud y del equilibrio con la naturaleza.

Resulta curioso que en una época en la que tenemos especial abundancia y accesibilidad a la comida haya mayor desnutrición y enfermedades que nunca, ¿no te parece?

Sin embargo, hay esperanza.

Gracias a esa misma inteligencia poderosa que rige la naturaleza, nosotros, los seres humanos, hemos sido minuciosamente diseñados para ser resilientes: podemos morir, renacer, cambiar y transformarnos. En definitiva, sanarnos a nosotros mismos, recuperar el equilibrio y, de esa forma, volver a convivir en armonía con lo que realmente somos, así como con la vida que nos rodea.

El único requisito es hacer un cambio profundo en nuestro entendimiento y visión del mundo, además de en nuestros hábitos. Conceder a nuestro cuerpo el espacio para la regeneración. Aprender a respetar sus tiempos, a cuidarlo y nutrirlo. Con cariño, con constancia, alegría e ilusión.

Cuando nuestro microsistema interior encuentra el medio óptimo, la inteligencia natural opera y la vida y la salud emergen de nuevo.

Todo está intrínsecamente relacionado. Como es arriba es abajo, como es adentro es afuera.

Un suelo sano da lugar a una planta sana, una planta sana da lugar a un animal sano, a un humano sano, a agua sana y a un clima sano.

Este tiempo nos invita a regresar a nuestras raíces, a escuchar la voz del planeta, a descubrir que somos parte de un todo. Recuperar la soberanía de nuestro cuerpo y de nuestra salud, recuperar la vitalidad y la alegría pasa por recordar que somos naturaleza, que tenemos que atendernos: a nuestros cuerpos, a nuestros anhelos y a la Madre Tierra, cuidarla y aprender a convivir en simbiosis y armonía nuevamente con ella.

Cuidando de nosotros, cuidamos de nuestro planeta. Así, danzamos juntos en el bello, mágico e infinito círculo de la creación.

¿Qué vas a encontrar en este libro?

Lejos de encontrar una dieta, lo que vas a encontrar aquí es una visión y estilo de vida. Personalmente, no creo en las dietas. Las dietas aprietan. Creo que a largo plazo es mucho más sensato y profundo comprender que somos naturaleza y, como tal, qué alimentos y prácticas nos perjudican y cuáles cuidan nuestra salud a la vez que honran toda forma de vida.

Y es que, aunque seguir una dieta específica un tiempo determinado resulta fundamental para limpiar células y tejidos y restablecer nuestra salud, a la larga la estrechez puede volverse en nuestra contra y hacernos sentir que vivimos en una jaula, generando frustración o incluso culpa, y ambas emociones son bastante más dañinas que cualquier tipo de comida

En las primeras páginas, voy a compartir contigo mi comprensión de la alimentación saludable, junto con otros conceptos y prácticas que son de gran ayuda para tener una buena nutrición y recuperar el equilibrio.

Luego doy paso a la parte práctica. En este sentido, he diseñado cuatro menús de una semana de duración (uno para cada estación del año) con el fin de que experimentes cómo te sienta la alimentación que propongo. Son muy completos: incluyen todas las ingestas del día. Verás que tienes todo cariñosamente preparado para que te resulte muy agradable y sencillo.

He incluido también una dieta depurativa, así tendrás a mano un magnífico recurso para cuando necesites hacer un détox o una pausa digestiva.

Por último, encontrarás una pequeña recopilación de recetas para que continúes inspirándote y nutriéndote con ellas.

Solo quiero decirte una cosa más: no consideres mis palabras ciencia cierta, toma de este libro lo que te sirva, lo que te ayude a sentirte bien, lo que sea loable y certero en este momento para ti. La salud y el equilibrio no tienen una sola una forma, no luches, haz lo que puedas y hazlo siempre con confianza y alegría.

¿Cómo deberíamos alimentarnos?

Resulta muy osado apuntar a una sola dieta, pues la verdad es que no hay una única fórmula para todos los seres humanos; todos somos diferentes y tenemos factores genéticos, condiciones y estilos de vida diferentes. De hecho, muchos ya hemos comprobado que una alimentación que funciona para alguien, en nosotros puede causar estragos o resultar indiferente.

Sin embargo, desde mi punto de vista, obtenemos información muy valiosa observando la raíz común en todas las dietas que mejoran de un modo u otro nuestra salud: se centran en el alimento natural y retiran los productos ultraprocesados.

Así, es muy fácil: si deseamos alimentarnos bien, tan solo tenemos que echar la vista atrás y observar qué comían nuestros ancestros antes de la era industrial. Simple, ¿verdad? Alimento natural, local y de temporada. Dicho de otra forma, aquellos alimentos que crecen, corren, pastan, nadan y vuelan en nuestras tierras.

Somos naturaleza. Y, como tal, nuestras bacterias intestinales y nuestras células entienden el idioma de lo natural, que es exactamente lo mismo le sucede a la tierra. Este debería ser nuestro principal alimento, dejando un porcentaje pequeño para las excepciones.

Si a esto le añadimos conciencia y respeto por los procesos biológicos y digestivos de nuestro cuerpo, hacemos ayuno nocturno natural y moderamos el consumo de carbohidratos, azúcar, harinas y lácteos, nuestra salud brillará.

Tu cuerpo necesita que lo cuides con lo que es natural para él. Llena tu despensa de alimentos que podrías encontrar en el campo, en el aire o en el mar en su forma original y que hayan sido tratados con respeto y cariño. Come hortalizas, frutas, cereales, frutos secos, semillas, huevos, carne, pescado, legumbres y grasas de calidad, como aceitunas, semillas, aceite, ghee y aguacate.

¿Qué es urgente que dejemos de comer?

Como norma fundamental, conviene dejar de comer todo tipo de productos industriales ultraprocesados que encontramos empaquetados en el supermercado, pues estos pseudoalimentos suelen estar adulterados y desvitalizados. Basta con leer las etiquetas para caer en la cuenta de que tienen muy poco alimento y mucho relleno tóxico para nuestra salud.

En términos generales, los alimentos muy procesados dañan nuestra microbiota, nos inflaman y restan salud, así que debemos descartarlos de nuestra lista de la compra desde ya, pues han sido tratados con agroquímicos y contienen aditivos sintéticos, azúcares, aceites y harinas refinadas, todas ellas sustancias proinflamatorias y dañinas para nuestro organismo.

En caso de que desees comprar alimentos ultraprocesados, asegúrate al menos de que sean de procedencia ecológica con tal de evitar aditivos alimentarios, así como el uso de medicamentos o químicos agrarios, pues todas estas sustancias son tóxicas y agresivas, tanto para el medioambiente como para nuestra salud.

Descarta comida envasada en cuya etiqueta leas que contiene:

- Azúcar en todas sus formas. Presta atención, porque puede ocultarse tras diversos nombres difíciles de relacionar (maltodextrina, sucralosa, fructosa, dextrosa, galactosa, lactosa, jarabe de maíz, agave o cristales de Florida, entre otros muchos).
- Aceites refinados (girasol, maíz, soja, colza, palma...). También margarina, aceites hidrogenados o aceites parcialmente hidrogenados. Los aceites vegetales refinados han sido muy manipulados y elevados a altas temperaturas, lo que provoca que se formen sustancias tóxicas para la salud.

Actualmente, sabemos que ambas sustancias son muy inflamatorias y debilitadoras de nuestro sistema inmune.

¿Sabías que...?

Hace más de dos mil años, indios y persas ya usaban el azúcar como condimento; sin embargo, no fue hasta la Revolución industrial, en 1800, cuando empezó a usarse como ingrediente.

Desde 1940, con la llegada de las megaempresas alimentarias y la industrialización de la comida, nuestro consumo de azúcar se ha incrementado un 60 %.

Las grasas trans se desarrollaron en la industria agroalimentaria para crear grasas vegetales semisólidas, como la margarina, porque así se conseguían grasas vegetales que aguantaban más tiempo sin enranciarse o creaban repostería y masas más esponjosas y agradables. Sin embargo, curiosamente, la reciente incorporación de aceites vegetales refinados a los alimentos procesados ha ido de la mano del incremento de las enfermedades más comunes que padecemos hoy en día.

El alimento como medicina para todos

Sucede algo muy bello, profundo y vital cuando nos damos cuenta de que todos estamos conectados y que somos seres interdependientes con todos los elementos de este bello planeta que habitamos, de que nuestra propia salud está relacionada con la salud de la Tierra y sus seres. De que no hay diferencia ni separación.

No hay nada más sagrado que comprender esto y aprender a cuidar del entorno y de nosotros.

En términos generales, tanto los vegetales que encontramos en los grandes supermercados como los productos, muy industrializados, que los contienen provienen de prácticas invasivas que dañan los ecosistemas y afectan a la salud y el equilibrio del planeta. Los agroquímicos, pesticidas y herbicidas con los que son tratadas las tierras y los cultivos consiguen cosechas rápidas y una gran producción; sin embargo, el costo es elevado, pues devastan el equilibrio del planeta, ya que literalmente aniquilan el ecosistema necesario (plantas, bacterias y otros microorganismos) para que se lleve a cabo la regeneración natural. Además, los cultivos y a los agricultores se vuelven cada vez más dependientes de los agroquímicos para poder llevar a cabo sus cosechas, algo que está devastando a pasos agigantados tanto nuestra salud como la del planeta.

Y es que la paradoja está en que los vegetales resultantes son muy pobres en nutrición, ya que la calidad del suelo es muy importante, pues de él depende la calidad de nuestra comida.

Los agroquímicos matan a los microorganismos presentes en la tierra que deberían proveer los nutrientes para que la planta crezca sana y sea nutritiva, pero esto no termina ahí: una vez estos vegetales llegan a nuestro plato, debido a la contaminación que contienen, le sucede lo mismo a nuestra microbiota.

Los alimentos tratados con tóxicos y químicos debilitan nuestra microbiota.

Las vacas y otras reses necesitan pastar en tierras sanas para brindarnos el alimento que necesitamos; sin embargo, una vez más debido al deseo de gran producción, esto está lejos de ser así.

La carne de una vaca que pasta, disfruta del sol y come su alimento natural es rica en omega 3 porque obtiene ese nutriente de su alimentación. Es una carne de alta densidad nutricional, saludable y antinflamatoria.

La carne de una vaca que es alimentada con piensos hechos a base de maíz y soja es sobre todo tóxica, pues es rica en omega 6 y proinflamatoria. Para colmo, el maíz y la soja (que suelen ser transgénicos) se cultivan en tierras que devastan zonas verdes, esenciales para la salud y biodiversidad de nuestro querido planeta.

Los animales y sus derivados han dejado de ser nutritivos y saludables desde el momento en que se los ha privado tanto de su hábitat como de su alimento natural, los han encerrado en granjas masivas e intervenido mediante hormonas y medicamentos.

¿Desde cuándo un pescado come harina? ¿Desde cuándo una vaca come restos de otros animales? Esta es la parte nutricional, pero ¿qué hay, además, del hecho de abusar de ellos y privarlos de una vida digna?

Los humanos somos seres vivos. Somos un ser viviente más del ecosistema: lo que lo abusa y daña, nos daña a nosotros también. Necesitamos ser conscientes de ello y proteger esta hermosa naturaleza, llena de vida y abundancia, que nos rodea.

Nos llevamos comida a la boca un mínimo de tres veces al día, normalmente más. Una elección a la que apenas prestamos atención y que tiene un impacto constante en nuestra salud y la de nuestro hábitat. Nuestras decisiones alimentarias diarias tienen un impacto político, social y medioambiental. Nuestro poder como consumidores, con cada compra, es igual que un voto: proclamamos qué validamos y qué no. Dicho de otra forma, con cada una de nuestras compras informamos sobre en qué mundo queremos vivir, con qué valores. Esto es algo muy profundo. Cuando esta comprensión cala en nuestro interior, podemos encontrar la fortaleza y decisión para comprometernos y modificar paso a paso nuestros hábitos.

Hagamos que nuestras compras y elecciones apoyen a todo aquel que entiende, cuida y respeta las leyes de la naturaleza.

Es fundamental que veamos en la comida la forma de recuperar la conexión con la vida. Estamos desconectados porque nos hemos distanciado de la naturaleza, porque no pensamos, porque vamos en piloto automático y porque la alimentación se ha tornado un negocio. Vamos al supermercado y compramos un trozo de carne envasada sin pararnos a pensar en el animal que hay detrás. ¿Cómo lo han tratado?, ¿cómo lo han sacrificado?, ¿ha tenido una vida digna?

Compramos chocolate, café, aguacates o anacardos procedentes de otros países sin preguntarnos qué impacto tiene esto en la salud de sus gentes, su ecosistema o su economía.

Cuando por fin reconocemos nuestro poder como individuos, y el poder del alimento como medicina para todos, podemos empezar a tomar decisiones alineadas con nuestra visión y valores.

¿Qué puedes hacer para mejorar tus compras, y con ellas tu salud y la del planeta?

Antes de nada, respira con calma: no te culpes, no te frustres, no te abrumes, y confía en que, aunque a priori pueda parecer demasiado y puedas sentirte incapaz, siempre hay algo que puedes hacer.

Si bien es cierto que cambiar radicalmente nuestros hábitos de consumo suena complejo o utópico, especialmente si no dispones de una buena economía, de tiempo, vives en una ciudad o tienes muchas bocas que alimentar, mi invitación es que dejes de lado los pensamientos que no sirven, no impulsan ni son productivos y establezcas conexión con tu capacidad.

Acógete a lo que te impulsa. Esa es la clave de la vida. Ni la queja, ni la indiferencia lo son.

Siempre hay algo que puedes hacer, por pequeño que pueda parecerte. Confía, y ten clara una cosa: lo que hagas, si lo haces con constancia, marcará diferencia.

Y, sobre todo, quítate de la cabeza la perfección. Yo tampoco soy perfecta.

A continuación, comparto contigo algunas ideas.

- Prioriza las verduras locales de y temporada. Interésate por ello y desafíate a cocinar con lo que te ofrece tu entorno en cada momento.

- Inscríbete en una asociación o comercio local para recibir una caja de verduras semanal. Esta fórmula suele ser fácil, económica, no te toma tiempo, te brinda fruta y verdura de temporada y te acerca al campo y a tus productores locales al tiempo que apoya e impulsa su economía.

- Busca mercados de productores locales en tu zona. Si los hay, estás de suerte: añade en tu agenda de actividades placenteras y bonitas la visita semanal para hacer gran parte de tu compra. Ve en familia, que todos participen. En estos mercados nos relacionamos directamente con los agricultores y encontramos frutas y hortalizas de temporada cultivadas en huertos familiares, ecológicos, biodinámicos o regenerativos por personas que se esfuerzan en crear un mundo más armonioso. Allí normalmente también hay huevos, pan y quesos locales.

- Acude a pequeños comercios de tu barrio y pregunta: en muchos lugares reciben alimentos de productores locales, que, sin ser ecológicos, lejos están de hacer el daño de prácticas masivas. Muchas veces estos productos están marcados como kilómetro cero o producto local. Fíjate en las etiquetas, carteles e indicaciones.

- En la pescadería pregunta por el pescado local capturado en embarcaciones pequeñas que desarrollan pesca sostenible. Descarta o minimiza al máximo pesca de arrastre y pescado de piscifactorías.

- Es cierto que es difícil encontrar carne de pasto y que su precio suele ser elevado. En cualquier caso, te invito a reducir su consumo a dos veces a la semana y combinarlo con pescados, huevos y legumbres.

- En algunos comercios reciben huevos de pequeños productores locales que tienen más cuidado con sus gallinas. En caso de no ser así, busca huevos cuyo código de barras empiece por la numeración 0, pues esta indica que provienen de gallinas criadas al aire libre y alimentadas con agricultura ecológica.

Seguramente tengas que comprar más productos en otros lugares para completar tu cesta. Está bien, no olvides que un poco es siempre mejor que nada. Haz lo que puedas, sin dudar un instante de que esto será positivo y te hará más feliz.

Nuestra responsabilidad en el momento actual

Hace tan solo 50 años éramos 3.000.000 de humanos en la faz de la tierra. A día de hoy somos unos 7.500.000, y se prevé que en 2050 seamos unos 10.000.000, un crecimiento que, a menos que nos replanteemos nuestro consumo, no es sostenible. No podemos seguir abusando de los recursos naturales como estamos haciendo mientras miramos hacia otro lado.

En pro de recuperar la estabilidad del planeta y dejar de abusar de los animales, es nuestro deber como individuos replantearnos la cantidad de comida que consumimos. Debemos comprender que no es sostenible comer tanta carne ni tanto pescado.

Si continuamos con las mismas prácticas y recomendaciones de consumo de carne y productos animales, agotaremos los recursos del planeta.

Tenemos dos opciones:

Continuar como hasta ahora, fomentando prácticas abusivas que devastan los recursos naturales, y que brindan vidas miserables a los animales del planeta, mediante nuestros hábitos de consumo.

Tomar conciencia de ello y aceptar nuestra responsabilidad para que esto no suceda.

Cada día que vives dejas un impacto en el planeta, ¿qué impacto dejas tú?

¿Sabías que...?

Desde que la agricultura industrial despegó a nivel mundial en 1970, hemos perdido un tercio de la superficie arable del planeta.

Más del 50 % de la superficie actual del mar está siendo explotada y capturada.

La industria alimentaria genera un tercio de las emisiones globales de efecto invernadero, algo que se debe principalmente a la deforestación, cuyo fin es destinar los campos a monocultivos, al uso de fertilizantes y a los excrementos del ganado y otros animales.

Cada año, superficies enormes de selvas y bosques son arrasadas para convertirlas en monocultivos (de soja, maíz o incluso aguacate). Esto supone un gran problema para la biodiversidad, el medioambiente y la justicia social de sus habitantes.

Los supermercados ganan más dinero por los alimentos que venden que el productor, algo que está muy descompensado.

El cultivo del aguacate, que es una de las tres principales exportaciones del sector agroindustrial, da como resultado la tala indiscriminada e ilegal de árboles, daño al subsuelo y uso excesivo de agua.

Un tercio de la comida que producimos va directamente a la basura, y la mitad de ese desperdicio sucede en los restaurantes y en nuestra casa.

¿Qué es la inflamación y por qué debemos evitarla?

La inflamación es la raíz común en muchas de las enfermedades de hoy en día.

La inflamación a la que hago referencia no se ve, se trata de una inflamación crónica, de bajo grado, sigilosa, hasta que por acumulación y sobrecarga comienza a hacerse notar. Sus síntomas pueden estar relacionados con problemas digestivos (gases, distensión abdominal...), alergias, problemas de piel (dermatitis, eccemas, psoriasis, rosácea...), sinusitis, artritis, migrañas, cansancio crónico o malestar general, problemas que, si no atendemos, pueden convertirse en la puerta de entrada a otras enfermedades más graves.

Causan inflamación la sobrealimentación, el consumo de productos ultraprocesados, el sedentarismo, el estrés, el exceso de alcohol, el tabaco, la falta de naturaleza, no pisar descalzos la tierra y hacer demasiada vida dentro de edificios, delante de pantallas y rodeados de ondas electromagnéticas, así como la exposición a químicos en productos de limpieza, cosméticos, agroquímicos e incluso materiales tóxicos en nuestros utensilios de cocina.

Nuestro estilo de vida actual es proinflamatorio.

Basta alzar los ojos y observar un poco para caer en la cuenta de cuántas personas conviven con algún tipo de inflamación. Prácticamente el 90 % de la población vive inflamada y, por desgracia, lo ha normalizado.

Esta inflamación tiene un impacto directo en nuestro bienestar, nos resta salud y años de vida. Y, aunque a veces no se aprecie a simple vista, lo cierto es que es importante prestarle atención si queremos prevenir enfermedades y llegar con salud a la vejez.

Nuestro estado natural es vivir con salud y vitalidad. Nunca debemos normalizar el malestar. En caso de que aparezca, tenemos que buscar ayuda, colaborar con nuestro cuerpo y brindarle el entorno óptimo para su regeneración. Nuestro cuerpo es sabio y sabe activar los mecanismos de reparación cuando le ofrecemos el medio.

La inflamación es la causa común de muchas de las enfermedades autoinmunes y degenerativas de hoy en día. Por tanto, cuando normalizamos vivir con ciertos desequilibrios, cultivamos el terreno óptimo para desarrollar una enfermedad mucho más complicada.

Algunas de las enfermedades relacionadas con la inflamación:

- Intestinales (sobrecrecimiento bacteriano del intestino delgado o SIBO, síndrome de intestino irritable, colitis ulcerosa, enfermedad de Crohn)
- Autoinmunes (lupus, artritis reumatoidea, esclerosis, tiroiditis...)
- Articulares (osteoartritis, osteoporosis...)
- Problemas de piel (acné, dermatitis, eccemas, psoriasis)
- Neurodegenerativas (mala memoria, falta de concentración, alzhéimer, demencia, párkinson)
- Cardiovasculares
- Respiratorias (alergias, asma...)

El exceso de peso y la diabetes tipo 2 también tienen que ver con la inflamación y, de hecho, la fomentan.

La inflamación también es el origen de muchos tipos de cáncer.

La buena noticia es que cambiando nuestra alimentación y nuestros hábitos de vida tenemos la capacidad de sanar el cuerpo, recuperar el equilibrio y revertir la inflamación. Comprender qué alimentos la promueven para reducir su consumo o descartarlo es de gran ayuda.

Alimentos que promueven la inflamación

Harinas refinadas y gluten
El gluten aumenta la permeabilidad intestinal, aunque realmente el principal problema es la cantidad que consumimos en la actualidad, así como su mala calidad.

El trigo actual, el moderno (las harinas que se utilizan en todos los alimentos industriales e incluso en panaderías habituales), es el más inflamatorio; esto se debe a la manipulación que ha sufrido el propio grano por parte de la industria para optimizarlo.

Opciones mejores son el trigo antiguo, la espelta, el kamut, la xeixa, la cebada o el centeno; estos cereales contienen menos gluten, suelen estar menos manipulados y son más tolerables.

Lácteos
Otra vez, el gran problema con la leche es la calidad de esta cantidad y la cantidad que consumimos en la actualidad. La más inflamatoria es la de vaca de producción industrial, pues su carga de toxinas es alta debido a los residuos de pesticidas, herbicidas y otros tóxicos; además, contiene un tipo de proteína que no podemos digerir completamente y con potencial inflamatorio.

Al comprar leche o lácteos en cualquiera de sus formas, asegúrate de que sean ecológicos o de pasto y, sobre todo, prioriza los de cabra u oveja, pues solemos tolerarlos mejor.

Grasas y aceites de mala calidad
Son de mala calidad los aceites refinados de semillas —como de maíz, soja, girasol o sésamo—, aceites hidrogenados, aceites parcialmente hidrogenados, aceite de palma, margarina y todos los alimentos que los contienen.

Todos estos aceites se han sometido a mucha manipulación y son altamente proinflamatorios. Fíjate bien en tus compras, pues, como ya he mencionado, están en la mayoría de los productos industriales.

Por otro lado, los aceites de semillas (girasol, sésamo) son muy sensibles y tienden a oxidarse rápido, así que nunca deberían usarse para cocinar.

Alimentos de alto índice glucémico
La mayor parte de los carbohidratos se convierten en glucosa dentro del cuerpo. Cuando hay un pico fuerte de glucosa en sangre, se activa la producción de citoquinas inflamatorias. Muchas de las enfermedades de hoy en día están relacionadas con un exceso continuado de picos de insulina en sangre.

Para prevenir la inflamación y enfermedades relacionadas, es necesario minimizar el consumo de azúcar de cualquier tipo, incluyendo harinas refinadas, pasta, dulces y repostería.

Cada alimento genera un pico de insulina diferente en cada persona. Con esto quiero decir que hay quienes toleran mejor los cereales, los helados o las frutas, así que es difícil hacer una generalización; sin embargo, en términos generales, y teniendo en cuenta la actual tendencia al exceso, lo mejor es moderar su consumo.

Endulzantes artificiales
Hoy en día, hay muchos productos en el mercado que se anuncian como «sin azúcar», pero son dulces al paladar. Si leemos la etiqueta, encontraremos casi en primer término ingredientes como aspartamo, maltitol u otros endulzantes artificiales escondidos en forma de E-XXX. Hay que tener mucho cuidado con esto, pues diversos estudios* han comprobado que estos azúcares son muy dañinos para la microbiota intestinal. Nuestra microbiota es

uno de nuestros grandes tesoros. El 70-80 % de nuestro sistema inmunitario se encuentra en el intestino; por lo tanto, si deseamos gozar de buena salud, debemos cuidarlo como nuestro jardín más preciado, algo que hacemos retirando lo que le daña y añadiendo lo que favorece e impulsa su buen funcionamiento.

Soja
El problema, una vez más, es el abuso, la actual tendencia a sustituir la carne y todo tipo de productos lácteos por soja. A pesar de que se estima que un 85 % de la población cree lo contrario, no es saludable la soja en forma de yogures de soja, leches de soja y cremas de soja, ni tampoco en su forma texturizada y procesada en comida que imita la carne.

Hoy en día, todos los productos de soja están muy procesados y, por lo tanto, desnaturalizados, por lo que, para hacerlos más ricos al paladar, pueden llevar derivados del glutamato, sustancia muy nociva para nuestro sistema nervioso y cerebro.

La soja en grandes cantidades daña nuestro aparato digestivo.

Sale de esta ecuación la soja sometida a largas fermentaciones, como el tempeh, el miso o el tamari de buena calidad, que sí favorecen la salud de nuestros intestinos.

Prevenir los procesos inflamatorios crónicos y tratarlos requiere eliminar las causas generadoras de inflamación y ayudar al organismo en su tarea de limpieza y regeneración.

Una anotación al respecto de las grasas

Existen dos tipos de grasas esenciales que tenemos que incluir en nuestra alimentación: omega 3 y omega 6. El omega 3 produce citoquinas antinflamatorias, mientras que el omega 6 produce citoquinas proinflamatorias.

«Esenciales» significa que las necesitamos a ambas, pero deben estar en equilibro, por lo que deberíamos tomar la misma cantidad de omega 3 que de omega 6, es decir, 1:1. Sin embargo, debido al alto consumo de alimentos procesados que incluyen aceites ricos en omega 6 y la falta de las formas de obtención de omega 3, en la actualidad se consume muchísimo más omega 6 que omega 3.

Así, es imprescindible tomar conciencia de esto para reducir los alimentos que contienen omega 6 e incrementar los que contienen omega 3 en nuestra alimentación (pescado azul de tamaño pequeño o carnes de pasto).

Flexibilidad metabólica

La flexibilidad metabólica es la capacidad que tiene nuestro cuerpo de cambiar de ruta para quemar un tipo de combustible u otro (glucosa o grasa) según la disponibilidad y necesidad de este.

Esta cualidad nos ha permitido alimentarnos a lo largo de gran parte de nuestra historia, pues poder combustionar glucosa o grasa según la disponibilidad de alimentos nos permitía obtener todos los nutrientes en épocas en las que teníamos que comer aquello que nos encontrábamos, ya fuera una res, un pez, frutas, raíces o cereales. También nos permitía subsistir gracias a nuestras reservas cuando no había alimento. Sin embargo, debido al incremento de los carbohidratos en la dieta en las últimas décadas y a su abuso, esta capacidad se ha visto mermada. Y de la flexibilidad hemos pasado a la rigidez metabólica.

Y es que, cuando constantemente comemos alimentos ricos en glucosa (recordemos que la mayor parte de los carbohidratos se convierten en glucosa al digerirlos) y nunca le damos a nuestro cuerpo la vía de quemar grasas, llega un momento en que esa capacidad se pierde y pueden originarse problemas de salud graves, como la resistencia a la insulina, diabetes u obesidad.

¿Por qué sucede esto?

La resistencia a la insulina
La insulina es la señal que activa las distintas rutas metabólicas que nos permiten quemar el combustible. Tiene que estar elevada para quemar la glucosa y baja para quemar la grasa. Cuando tenemos la insulina alta, no podemos quemar la grasa con el fin de obtener energía.

Si estamos constantemente tomando carbohidratos (pan, repostería, pasta, arroz blanco, cereales de desayunos, dulces), es decir, glucosa, elevamos todo el tiempo y sin descanso la insulina en la sangre. Esto, de forma sostenida en el tiempo, nos lleva a muchos de nosotros a desarrollar rigidez metabólica. Cuando esto sucede, somos incapaces tanto de producir energía tanto a partir de la grasa que consumimos como de la que acumulamos en nuestras reservas.

Quiero señalar que el hecho de que dejar de comer carbohidratos mejore la resistencia a la insulina no quiere decir que los carbohidratos la causen. El problema no son los carbohidratos, sino un metabolismo confundido y atrofiado a causa de muchos años de una mala conciencia alimentaria, excesos y comida demasiado procesada.

*Yoshinaga, K., M. Edwards, H. Yiming,, H., *et al.* (2022). Microbiota imbalance induced by dietary sugar disrupts immune-mediated protection from metabolic syndrome. Cell, 185(19), págs. 3501-3519. <https://doi.org/10.1016/j.cell.2022.08.005>.

Townsend, G., W. Han, N. Schwalm,, N., *et al.* (2019). Dietary sugar silences a colonization factor in a mammalian gut symbiont. Proceedings of the National Academy of Sciences of the USA, 116(1), págs. 233-238. <https://doi.org/10.1073/pnas.1813780115>.

Una alimentación equilibrada con una ingesta sensata de carbohidratos no tiene que dar problemas de este tipo. El problema, insisto, es la falta de conocimiento, el exceso y la mala calidad de los alimentos.

La mala salud mitocondrial
La mitocondria es de suma importancia en nuestro organismo, la sala de operaciones de la célula: produce energía, organiza el metabolismo y dirige el funcionamiento celular. Desde aquí se gestionan todos los nutrientes de los alimentos, así como el agua y el oxígeno para la obtención de energía y el correcto funcionamiento de nuestras células. En realidad, se trata de una bacteria asociada a la célula, algo que tuvo lugar hace millones de años, un ejemplo hermoso de simbiosis mediante la cual la bacteria ganó protección y la célula, eficiencia energética.

Hoy en día, tenemos entre cientos y miles de mitocondrias por cada célula. Cuando la mitocondria está defectuosa debido al exceso de radicales libres, no puede procesar bien los nutrientes, algo que causa daños que pueden provocar desequilibrios o enfermedades.

Afecta a nuestra salud mitocondrial la alimentación basada en un exceso de productos cultivados con agroquímicos y pesticidas, altamente procesados o ricos en azúcares, así como las grasas oxidadas o los alimentos fritos, hábitos como picar constantemente, no dar descanso al aparato digestivo, el estrés, la falta de ejercicio, el sedentarismo y un mal descanso.

¿Cómo saber si nos falta flexibilidad metabólica?

Algunas señales que indican la falta de flexibilidad metabólica son las siguientes:

- Hambre constante y mucho antojo por dulce
- Mucha debilidad en ayunas
- Incapacidad de hacer deporte en ayunas
- Exceso de peso y acumulación de grasa
- Alimentación con exceso de dulces, repostería, harinas blancas

Los tres primeros puntos son síntomas de que nuestro cuerpo solo tiene acceso a la ruta de glucosa, una energía que se consume muy rápido y, por lo tanto, enseguida demanda más, así que, cuando en algún momento lo privamos de ello, tenemos picos de hambre, antojo de dulce y malestar.

¿Qué podemos hacer para recuperarla?

- Minimizar el consumo de azúcar y harinas blancas.

- Descartar aceites refinados y alimentos ultraprocesados.

- Hacer comidas puntuales o días completos totalmente libres de carbohidratos o con muy baja cantidad, poniendo énfasis en las grasas saludables.

- Hacer ayunos saltándose la cena o el desayuno y tomando la primera ingesta sin carbohidrato, rica en grasa.

- Practicar, de vez en cuando, ayunos prolongados de unas veinticuatro horas, pues en este tiempo solemos quedarnos sin recursos de glucosa para combustionar y empezamos a combustionar reservas de grasa acumulada a través de un proceso llamado *cetosis*.

Es decir, el primer y segundo punto nos ayudan a retirar lo que nos debilita, mientras que los tres últimos puntos nos permiten crear espacios para llevar de forma intencionada a nuestro cuerpo a la ruta de la combustión de grasa.

Deseo cerrar este capítulo insistiendo en que la falta de flexibilidad metabólica se da por la pérdida de conexión con el alimento, por desconocimiento, por excesos, así como por la brutal manipulación de la comida y la tendencia a la que nos han llevado. Si no hubiésemos cambiado tanto nuestros hábitos alimentarios en los últimos años de desarrollo industrial, si nuestra alimentación fuese natural, sensata y moderada, no habría falta de flexibilidad metabólica y no haría falta echar mano de un «entrenamiento» para recuperarla.

En este sentido, toca limpiar, regenerar y reeducar. Luego, bastará con continuar alimentándose de forma equilibrada.

Haz de la alimentación saludable tu estilo de vida

Ya estemos en un momento dulce y gocemos de buena salud o tengamos algún desequilibrio o enfermedad, es nuestra responsabilidad honrar nuestro cuerpo y colaborar con él, cuidarlo y convertirnos en fieles defensores de su buen funcionamiento y equilibrio, pues nuestra salud corporal está intrínsecamente relacionada nuestra salud global, no solo física, sino también mental y emocional.

La salud es nuestro valor más grande e importante. Cuando la tenemos, todo va bien, pasa inadvertida, no le prestamos atención e incluso nos creemos invencibles y cometemos muchos más excesos, sobre todo si tenemos un metabolismo rápido o estamos delgados. Sé bien de lo que hablo, pues lo he vivido en mi propia piel y lo he presenciado en mi hermano, que murió joven por un tumor hace varios años.

Sin embargo, cuando la salud se deteriora, no importa el dinero, el trabajo, la familia o las amistades que tengamos, nuestro pequeño mundo se viene abajo.

Nuestro cuerpo nos ama, su deseo es que tengamos una buena y larga vida, de hecho, siempre va a hacer lo posible por sobrevivir. Nuestro cuerpo es el vehículo con el que podemos disfrutar de esta maravillosa experiencia llamada vida. Todo lo que necesita para llevarnos con vitalidad hasta el final de nuestros días es que lo cuidemos.

Características de una alimentación saludable

Natural, ecológica y de temporada
La naturaleza es sabia y nos ofrece los nutrientes que necesitamos en cada estación del año. Los alimentos que se han cultivado en su temporada, han estado al sol y han tomado todos los nutrientes de la tierra tienen mucha más densidad nutricional que aquellos de invernadero.

Así, cuando compramos a personas que tienen una visión respetuosa del medioambiente y de la vida, brindándoles nuestro apoyo, no solo beneficiamos nuestra salud, sino que al mismo tiempo fomentamos la economía de quienes cuidan la vida. Desde mi punto de vista, este es un círculo virtuoso de perfección.

En el caso de productos de origen animal, esto se torna aún más necesario si no queremos ser partícipes de unas prácticas horribles que proporcionan vidas miserables, terriblemente duras y cortas a otros seres vivos, sintientes como nosotros, que precisamente porque van a convertirse en alimento u ofrecernos su alimento merecen que los traten con total respeto y amor.

Rica en vegetales
En todos los pigmentos de los vegetales hay sustancias bioactivas y antioxidantes que ayudan a reducir la inflamación producida por los radicales libres a los que nos enfrentamos diariamente.

Además, sus colores convierten nuestros platos en auténticas obras de arte.

Para aprovechar al máximo sus propiedades, lo mejor es cocinarlos de manera suave (salteado, al vapor, hervido corto, cocción lenta) o comerlos en crudo para evitar la pérdida de nutrientes y vitaminas.

Rica en pescados y mariscos
Todos los pescados y mariscos son una buenísima fuente de proteínas de gran densidad y biodisponibilidad.

Merecen mención especial el pescado azul, como sardinas, caballa, boquerones, anchoas u otros de tamaño pequeño o mediano, pues son especialmente ricos en omega 3 y, al ser pequeños y tener una vida corta, no acumulan tanto metal pesado.

En cuanto al marisco, también contiene omega 3 en gran cantidad y minerales de gran importancia para nuestra salud, como selenio, zinc, hierro y yodo.

Compra los que sean de temporada y no provengan de pesca de arrastre ni de piscifactoría.

> Si decides no comer pescado, es importante que contemples tomar un suplemento de omega 3.

Rica en grasas saludables
Las grasas, junto con las proteínas y carbohidratos, constituyen un macronutriente necesario para el buen funcionamiento de nuestro organismo. Desempeñan un papel muy importante para regular el sistema hormonal, el nervioso y el cardiovascular, además de promover un buen estado de la piel. Son esenciales para un buen funcionamiento neuronal, especialmente los ácidos grasos omega 3, que actúan en el flujo sanguíneo cerebral y previenen el deterioro cognitivo.

Las grasas también forman parte de las membranas estructurales de nuestras células, nos protegen de los radicales libres, previenen enfermedades y ayudan a favorecer un envejecimiento más lento y saludable.

Como valor añadido, son una fuente de energía estable y muy duradera, es decir, nos sacian y proporcionan energía durante largo tiempo.

Son grasas saludables:

- Aceite de oliva virgen
- Aceite de coco virgen
- Olivas
- Semillas
- Frutos secos
- Ghee
- Mantequilla ecológica o de pasto
- Aguacate
- Pescados azules pequeños
- Huevo, especialmente la yema

Es importante destacar que tanto las semillas como los frutos secos contienen antinutrientes, que pueden hacer mella en la salud intestinal, así como interferir en la absorción de otros nutrientes esenciales.

Tenemos dos formas de reducir estos antinutrientes: el tostado y el remojo.

Tostado: tuesta ligeramente los frutos secos en el horno y las semillas en la sartén. Consérvalos en un tarro en la despensa. Duran semanas.

Remojo: deja las semillas o frutos secos en remojo un mínimo de ocho horas, descarta el agua y lávalos bajo el grifo. Consérvalos en la nevera. Duran alrededor de tres días.

Rica en proteínas animales saludables
Las proteínas animales, cuando son de procedencia respetuosa, constituyen un alimento de un alto valor nutricional y biológico. Son proteínas completas, algo que no sucede en todas las vegetales.

Las proteínas son esenciales para muchas funciones, entre ellas reparar células y producir células nuevas. También son importantes para el crecimiento y el desarrollo de niños, adolescentes y mujeres embarazadas.

Otra función importante de las proteínas es que ayudan a formar músculo o repararlo.

Son proteínas saludables de origen animal:

- Carnes blancas y rojas (pavo, pollo, ternera, cerdo...)
- Pescados blancos, azules y mariscos
- Huevos
- Lácteos y sus derivados

Si decides no comer carne o sus derivados, es importante que contemples tomar un suplemento de vitaminas del grupo B, especialmente B12.

Rica en alimentos pro y prebióticos
Nuestras bacterias intestinales (microbiota) son nuestro gran tesoro. Su cantidad y calidad está intrínsicamente relacionada con nuestra salud intestinal, lo que repercute en nuestra capacidad de asimilación de nutrientes, regulación del tránsito intestinal y buen funcionamiento del sistema inmune.

Estas son muy sensibles y hay muchos factores que las debilitan, como el estrés, el uso de antibióticos, los alimentos muy procesados o una alimentación alta en azúcar y carbohidratos. Igual que hay alimentos que las debilitan, otros favorecen su salud y número, como los probióticos y los prebióticos.

Los alimentos probióticos son aquellos que contienen microorganismos vivos, como bacterias y levaduras, destinados a incrementar las bacterias buenas del cuerpo, mejorando la salud de la microbiota.

Los alimentos prebióticos son aquellos con un alto contenido en fibra que actúan como nutrientes para nuestra microbiota intestinal, mejorando el equilibrio de las bacterias que la componen y su cantidad.

Son alimentos probióticos:

- Vinagre de manzana s/f
- Chucrut
- Kimchi
- Kombucha
- Kéfir
- Tempeh
- Tamari
- Miso

Son alimentos prebióticos:

- Almidón resistente
- Avena
- Manzana
- Puerros
- Cebolla
- Ajo
- Alcachofa
- Espárragos

Con aporte de cereales integrales
A pesar de la demonización que sufren hoy en día, lo cierto es que los cereales llevan presentes en nuestra alimentación mucho tiempo, incluso desde antes de que surgiera la agricultura; pequeños restos encontrados en molares demuestran que ya se consumían incluso diez mil años antes.

Los cereales contienen algunos minerales, fibra y una pequeña cantidad de vitaminas del grupo B (es decir, proteínas, pero estas no son completas). Además, nos ayudan a crear platos sustanciosos y deliciosos.

Sin embargo, lo cierto es que en la actualidad los consumimos en demasía, especialmente en forma de harinas o cereales muy refinados, que contienen residuos de pesticidas y herbicidas, e incluso fungicidas, para preservarlos.

No deberían constituir la base de nuestra alimentación, pues son carbohidratos y se convierten en glucosa una vez que llegan al cuerpo. Es importante aprender a consumirlos con sensatez y apostar por los ecológicos.

Son cereales integrales saludables sin gluten:

- Arroz integral
- Quinoa (pseudocereal)
- Trigo sarraceno (pseudocereal)

Son cereales integrales saludables con gluten:

- Avena
- Espelta
- Centeno
- Cebada
- Kamut
- Xeixa
- Trigo antiguo

Los cereales contienen antinutrientes que pueden hacer mella en la salud intestinal, así como interferir en la absorción de otros nutrientes esenciales.

Estos antinutrientes se minimizan dejando los cereales en remojo de ocho a veinticuatro horas (cuatro en el caso de la quinoa y el trigo sarraceno). Cambia el agua cada ocho horas para evitar fermentaciones y lávalos muy bien bajo el grifo antes de utilizarlos.

Con aporte de legumbres
Las legumbres son una magnífica fuente de proteína vegetal, pero debido a las fibras que las acompañan su biodisponibilidad es más baja que las de origen animal.

Además, no son solo proteína, sino también carbohidrato, con lo que hay que prestar atención a su consumo e incluirlas de forma moderada en la dieta.

También es cierto que pueden dar algunos problemas digestivos, por lo que es conveniente aprender a cocinarlas bien.

Son proteínas completas:

- Soja
- Garbanzos
- Judías
- Tempeh de soja
- Tempeh de garbanzos
- Tofu

Son proteínas incompletas:

- Lentejas
- Guisantes

Basta con combinarlos con arroz, avena, quinoa o alguna semilla o fruto seco para lograr una proteína completa.

Las legumbres contienen antinutrientes y la piel que las envuelve es dura, lo que las hace complejas de digerir; por este motivo, tienden a provocar muchos gases y problemas intestinales.

Para neutralizar sus antinutrientes, es muy importante dejarlas en remojo un mínimo de veinticuatro horas; de hecho, puedes dejarlas hasta cuarenta y ocho. Cambia el agua cada ocho horas.

También es importante añadir la sal unos minutos antes de finalizar la cocción, así como descartar el agua.

Otra cosa que mejora su digestión es retirar la piel una vez cocinadas; se puede hacer frotándolas, pero es un trabajo que requiere de paciencia y atención.

Comerlas trituradas también facilita su absorción; por ejemplo, en hummus o paté.

Baja en azúcar y moderada en hidratos de carbono
Según todo lo mencionado anteriormente, ya sabes que uno de los grandes problemas que tenemos hoy en día es que nuestra alimentación está basada en hidratos de carbono, sobre todo en forma de pan, pasta, cereales, harinas, dulces y refrescos. Incluso en dietas más saludables, pues se suele consumir mucho cereal integral, harinas, legumbres, frutas, frutas secas, dulces y dátiles.

Como hemos visto, una dieta en la que constantemente se combustiona glucosa genera procesos inflamatorios a la vez que atrofia nuestra flexibilidad metabólica; todo ello, a la larga, deriva en problemas de salud.

Por esto, cobra importancia poner atención en comer de forma saludable y sensata, escogiendo siempre los alimentos en su forma integral y tomándolos moderadamente, es decir, no darnos un hartón de naranjas solo porque están de temporada, sino comernos una apreciándola y degustándola.

En cuanto a los endulzantes, lo mejor es minimizar su uso e ir acostumbrando al paladar a los sabores naturales y, sobre todo, dejar la repostería para ocasiones especiales.

Si tenemos antojo de dulce, lo mejor es optar por unas piezas de chocolate negro >85 %, compota de manzana o pera, frutas del bosque con yogur de coco o kéfir de cabra u oveja, manzana asada, un batido de fresas y semillas chía o un poco de fruta de temporada.

En cuanto a los dátiles y frutas secas, si son de buena calidad y se toman con moderación, son alimentos nobles. La miel de buena calidad también, por sus propiedades medicinales, siempre siendo conscientes de dónde viene y con gratitud.

Una forma de reducir el impacto de la glucosa en sangre al consumir carbohidratos o frutas es mezclarlos con un poco de grasa o fibra, pues ambas amortiguan.

Alimentos que suman

A continuación, te dejo un listado de alimentos que, por su alto valor nutricional o propiedades, no deberían faltar en tu cocina.

Hojas verdes
Las hojas verdes de las plantas contienen un pigmento llamado clorofila, que se conoce como la sangre verde de las plantas. Algo que desde que tuve noticia me resultó fascinante es que la clorofila y nuestra sangre son casi idénticas. Se diferencian porque en el centro de la clorofila hay una molécula de magnesio y en el centro de la hemoglobina, una molécula de hierro. Cuando

la clorofila circula por el torrente sanguíneo, nos ayuda tanto a oxigenar la sangre como a regenerar la coenzima Q10, una molécula esencial para la buena salud mitocondrial.

Crucíferas
Aunque las crucíferas forman parte de los vegetales, merecen mención aparte, pues sus compuestos azufrados potencian su efecto antinflamatorio. Esta familia incluye las coles, el brócoli, la coliflor, el rábano y la rúcula.

Alimentos ricos en vitamina C
Poderosa sustancia antinflamatoria y antioxidante. La encontramos en frutas como el limón o la lima y también en el perejil. Obviamente, se encuentra en muchos lugares más, aunque menciono estos porque son muy fáciles de obtener y utilizar a diario en la cocina.

Omega 3
Gran sustancia antinflamatoria; tanto que, de hecho, en casos críticos se recomienda en dosis altas como suplementación. De forma natural, se encuentra en sardinas, caballa, boquerones, anchoas y otros pescados azules de tamaño pequeño o mediano, así como en la carne de pasto.

El omega 3 también se encuentra en semillas de lino, chía, nueces, cáñamo y algunas algas, aunque estos aportan un tipo de omega 3 diferente al que necesitan nuestras células (el procedente de pescado y de carne de pasto).

Ghee
También conocido como oro líquido o mantequilla clarificada, el ghee es un tipo de mantequilla proveniente de la medicina ayurveda muy valorado por sus beneficios para la salud. Al ser cocinado al fuego durante un largo período, se eliminan sus hidratos de carbono (lactosa), proteínas (caseínas y albúminas), agua e impurezas, y queda únicamente la grasa. Esto lo convierte en un alimento muy interesante, con un alto contenido en grasas saludables y propiedades antioxidantes. Es rico en vitaminas y minerales necesarios para nuestra salud y tiene la capacidad de proteger las membranas celulares de la acción de los radicales libres, evitando así la inflamación.

Huevos ecológicos
Hoy sabemos que el huevo es un alimento excepcionalmente completo que podemos comer a diario. Es una proteína de alto valor biológico, así como fuente de grasas saludables, y contiene todas las vitaminas menos la C. También tiene propiedades antinflamatorias y es rico en colina, fundamental para mantener la estructura y función cerebrales. Eso sí, es importante que los huevos sean ecológicos, algo que sabrás porque vienen marcados con un 0 en el primer dígito del código impreso en el propio huevo.

Aguacate
Es una fuente excelente de grasa saludable y, además, contiene fibra y antioxidantes, que están relacionados con un menor riesgo de cáncer y mejor salud cardiovascular. Su alto contenido en vitamina E ejerce un efecto protector sobre las células. Su dosis de vitamina B6 junto con los ácidos grasos esenciales hace que sea un gran antinflamatorio y el magnesio lo convierte en colaborador de la salud de las mitocondrias.

Incluye aguacate en tu cesta cuando esté en temporada y sea de proximidad, pues hoy en día ya se ha adaptado a nuestro clima y se encuentra en temporada, de origen nacional.

Aceite de oliva virgen
Es uno de los más estables al calor (se puede cocinar sin que apenas se oxide), rico en grasas saludables, idóneo tanto para cocinar como para condimentar nuestros platos.

El aceite de oliva virgen es rico en polifenoles, que ayudan a disminuir la inflamación. Además, protege la mucosa del estómago. Es eficaz contra el estreñimiento y mantiene un hígado sano. Algo que aprendí recientemente de la doctora Lucía Redondo Cuevas es que el romero en polvo añadido a los salteados hechos con aceite de oliva reduce la oxidación, algo que ella misma descubrió mientras desarrollaba su tesis doctoral, cuyo objetivo era valorar la estabilidad oxidativa de varios aceites y grasas.

Aceite de coco virgen
Es una grasa principalmente saturada (90 % saturadas, 10 % insaturadas) y bastante estable al calor: se puede utilizar para cocciones a temperaturas medias (no más de 180 °C), por ejemplo, para preparar unas galletas caseras saludables. El aceite de coco es rico en ácidos grasos de cadena media, estimula el metabolismo, ayuda a mejorar la sensibilidad a la insulina y reduce la inflamación. También eleva los niveles de las lipoproteínas de alta densidad (HDL, por sus siglas en inglés, o colesterol bueno, debido a sus cualidades protectoras cardiovasculares), reduce los niveles de las lipoproteínas de baja densidad (LDL, por sus siglas en inglés, o colesterol malo) y, gracias a su elevado contenido en ácido láurico, tiene propiedades antifúngicas, antibacterianas y antivíricas. En cualquier caso, al ser un producto de importación, es especialmente importante que su consumo sea responsable, ético y de calidad.

Vinagre de manzana (sin filtrar)
Sus propiedades probióticas y reguladoras del índice glucémico hacen de este vinagre un aderezo realmente interesante. Una cucharadita antes de las comidas o incluida en ellas ayuda a mejorar el estado de la microbiota intestinal y de las digestiones gracias a su efecto depurativo y antinflamatorio. Este debería ser, sin duda alguna, tu vinagre favorito en la cocina.

Cúrcuma
Sus virtudes antinflamatorias hacen que sea de gran ayuda en casos de artritis, síndrome de intestino irritable, otras enfermedades intestinales o cualquier proceso inflamatorio.

También es de gran ayuda ante los gases, acidez o hinchazón porque estimula la secreción de bilis y favorece el buen funcionamiento del hígado. Es importante combinarla con una grasa y pimienta negra para facilitar su absorción, de forma que nuestro organismo sea capaz de utilizar la curcumina, que es el compuesto medicinal.

Cacao
Conocido también como el alimento de los dioses. El cacao es muy frecuente y se utiliza en rituales en algunas culturas ancestrales. Su gran cantidad de polifenoles y magnesio lo convierte en un gran colaborador de la salud de las mitocondrias. Nibs de cacao, cacao en polvo crudo o tabletas de chocolate al 100 % son las mejores opciones.

Té verde
Considerada una de las bebidas más saludables y gran protagonista de la ceremonia del té de la cultura japonesa. Muchos de sus beneficios se deben a sus propiedades antioxidantes y antinflamatorias, especialmente a la epigalocatequina-3-galato (EGCG), es una sustancia veinte veces más antioxidante que la vitamina E y cien veces más que la vitamina C que reduce la producción de citocinas proinflamatorias.

Jengibre
De potentes propiedades antioxidantes, nos ayuda a la eliminación de radicales libres. También sirve para estimular el proceso digestivo, al disminuir los gases y flatulencia, así como los espasmos. Además, es antimicrobiano, antivírico, antibacteriano y antifúngico; es decir, nos protege de virus, bacterias y hongos. Una buena forma de tomarlo es en rodajitas en una infusión, que puedes acompañar con una rodaja de limón. Esta es, de hecho, una de mis infusiones favoritas para empezar el día.

Canela
Tiene propiedades antinflamatorias y antioxidantes, aunque una de sus cualidades más interesantes de la canela, además de su delicioso sabor, es que reduce el impacto de la glucosa en sangre, imitando los efectos de la insulina. Por eso, al consumirla, los niveles de azúcar en sangre no fluctúan tan bruscamente. Sabiendo esto, es interesante agregarla a todo tipo de postres o lattes ligeramente endulzados. También es de ayuda cuando hay insuficiencia de jugos gástricos, gases o náuseas.

Frutas del bosque
Debido a su gran cantidad de sustancias antioxidantes y su índice glucémico bajo, son las reinas de la alimentación antinflamatoria. Son ricas en vitamina C, hierro y taninos. Incluye en tu dieta fresas, arándanos, frambuesas y moras.

Caldo de huesos
El caldo de huesos, cuando se elabora correctamente, es una maravillosa fuente de colágeno, glicina y otros aminoácidos fundamentales, lo que lo convierte en uno de los alimentos más completos y beneficiosos para mejorar la salud intestinal. Estos nutrientes ayudan a sellar cualquier abertura en el revestimiento intestinal, apoyando la integridad de la pared intestinal y reduciendo la cantidad de toxinas que escapan del intestino y provocan inflamación. También es de gran ayuda para las articulaciones (mejora la artritis y disminuye el dolor).

Algo fantástico es que el caldo de huesos se prepara principalmente con descartes cárnicos, tales como huesos y cartílagos, y podemos cocinarlo fácilmente en casa. Hay que hervirlo a fuego muy suave con un poquito de vinagre de manzana durante muchas horas para recoger el colágeno, que es la sustancia que más nos interesa.

Almidón resistente
El almidón resistente es un almidón prebiótico que sirve de alimento a nuestra microbiota intestinal. La diferencia con el almidón «normal» (legumbres, cereales, tubérculos) es que llega al tubo digestivo intacto, pues nuestras enzimas digestivas no son capaces de digerirlo, sino que solo nuestra microbiota puede hacerlo cuando llega al intestino grueso, por lo que le sirve de alimento. Este almidón es muy interesante por varios motivos:

- Mejora la respuesta a la glucemia, pues reduce la absorción de hidratos de carbono y se convierte en alimento para nuestras bacterias buenas, favoreciendo la buena salud de nuestros intestinos.
- Disminuye la permeabilidad intestinal, pues mejora la salud de la mucosa intestinal.
- Mejora la inflamación gracias a que nuestras bacterias intestinales lo descomponen en butirato.

La mejor forma de obtener almidón resistente es dejando enfriar doce horas en la nevera arroz, avena, cebada, espelta, patata, boniato, yuca o legumbres tras su cocción. Pasado este tiempo, se pueden volver a calentar, pero es importante no sobrepasar los 130 °C, pues de lo contrario pierde sus propiedades resistentes y el almidón se vuelve normal otra vez.

Algas
Las algas aportan todos los minerales, así como fibra y antioxidantes. Son ricas en calcio, magnesio, hierro, silicio y aminoácidos esenciales. Su suave fibra tonifica las paredes del colon y los mucílagos que contienen ejercen un papel protector sobre las mucosas del estómago e intestino, ayudando a que las digestiones sean mejores. El consumo de algas marinas es muy saludable: nos ayuda a estabilizar los niveles de azúcar, limpiar el sistema linfático, estimular el funcionamiento de riñones e hígado y reducir la absorción de metales pesados. Las mejores, tanto por sus propiedades como por su origen, pues ya las hay nacionales, son la kombu, wakame, nori, dulce, espagueti de mar y lechuga de mar.

Tan solo hay que tener en cuenta que contienen mucho yodo, especialmente la kombu.

¿Cuántos nutrientes necesitamos a diario?

Es una pregunta muy común, difícil de responder, pues la cantidad de nutrientes que necesitamos varía según nuestras necesidades individuales, que dependen de la edad, masa corporal, objetivos o actividad física. Sin embargo, como regla básica que nos sirve a todos:

Añade proteína completa a tus platos dos veces al día.

Otra cosa que sirve a la hora de crear tus platos de mediodía es pensar en estas proporciones:

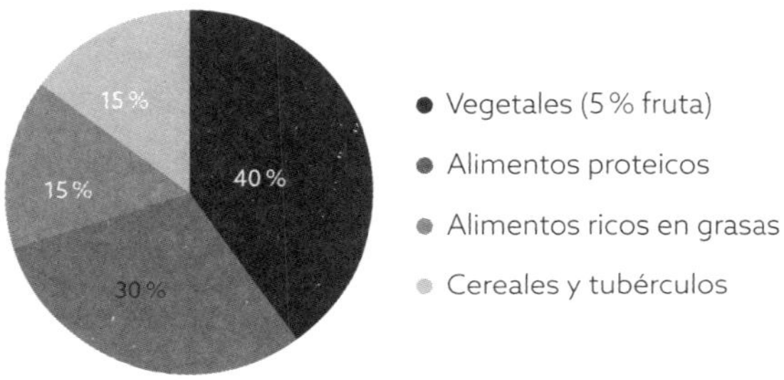

Idealmente

- *Desayuno*: saciante. Bajo en carbohidratos, favoreciendo grasas y proteínas.
- *Comida*: saciante. Rica en vegetales, algo de cereales o tubérculos, grasa y proteína.
- *Cena*: ligera. De fácil digestión, con carbohidratos y algo de grasa y proteína.
- *Snack*: prescindible. Un poco de fruta, frutos secos o chocolate negro.

En cuanto a los dulces, galletas, pasteles y caprichos, incluso aunque optemos por versiones saludables, lo mejor es dejarlos para consumo ocasional: una vez a la semana o dos; si es menos, mucho mejor.

Recojo nuevamente aquí las fuentes de los diferentes nutrientes.

Buenas proteínas

Huevos
Pescados
Mariscos
Carnes
Legumbres
Frutos secos
Semillas
Queso
Yogur
Leche

Tanto las semillas de chía como las de cáñamo son proteínas vegetales completas.

Buenas grasas

Huevos
Pescado azul
Aguacate
Olivas
Aceite de oliva virgen
Aceite de coco virgen
Semillas
Frutos secos
Ghee
Mantequilla
Queso

Buenos carbohidratos

Boniato
Patata
Yuca
Arroz integral
Quinoa (pseudocereal)
Trigo sarraceno (pseudocereal)
Avena
Espelta
Centeno
Cebada
Kamut
Trigo antiguo
Xeixa

Mejores frutas

Las de tu zona y de temporada
Frutas del bosque

Mejores endulzantes (con moderación)

Miel cruda
Azúcar de panela
Azúcar mascabado
Azúcar de coco
Sirope de arce
Orejones
Pasas
Dátiles

5 prácticas para colaborar con tu organismo

1. Prioriza las grasas por la mañana
Ya hemos visto que elaborar comidas que den mayor protagonismo a las grasas con el fin de entrenar la ruta metabólica de combustión de ácidos grasos o favorecerla es una forma de ganar en flexibilidad metabólica, cosa que tiene un impacto positivo global en nuestra salud.

Teniendo en cuenta que por la noche bajamos la carga de glucemia gracias al ayuno nocturno, tiene sentido preparar desayunos con alto contenido en grasas y bajo en carbohidratos. Además, estos desayunos sacian mucho, con lo que, para bien, nos quedamos satisfechos durante muchas horas.

Sardinas con aguacate, revuelto de huevos con aguacate o tahini, pudding de chía con yogur de coco y crema de almendra son algunos ejemplos. Encontrarás varias propuestas a lo largo del libro.

2. Cena tres horas antes de acostarte
Algo fundamental para mejorar nuestra salud, favorecer un descanso reparador y brindarle a nuestro cuerpo el medio óptimo para que realice sus funciones de limpieza, reparación y regeneración celular (ayuno nocturno) es cenar tres horas antes de irse a la cama, así como hacerlo de forma ligera. Ten esto muy en cuenta, pues, si vas a dormir con comida en el estómago, pasarás la noche haciendo la digestión y estarás privando a tu cuerpo de hacer su magia reparadora.

Dicho esto, cena sencillo, sin grandes mezclas: cremas de verduras, verduras horneadas o salteadas, boniatos o calabazas, pescado, tortilla, o una crepe ligera son idóneos para este momento del día. Trata de evitar las ensaladas, frutas y crudos, pues requieren de más esfuerzo en la digestión. También encontrarás estas propuestas en las semanas de demostración.

3. Deja espacio entre las comidas
El proceso de la digestión requiere su tiempo. No es buena idea estar llevándose comida a la boca constantemente: mejor hacer comidas saciantes y luego dejar el espacio para una correcta digestión, pues de otra forma saturamos nuestro sistema digestivo y no le permitimos hacer bien su trabajo. Imagina una mesa en la que una persona está revisando unos documentos, y no para de aparecer otra que le trae más documentos para que los revise en ese momento. Es decir, le pide que aparque lo que está haciendo para empezar con otra cosa. Pronto veríamos una mesa con diversas pilas de documentos acumuladas, es decir, trabajo acumulado y sin terminar y una persona exhausta que no da abasto. Esto ilustra a la perfección lo que sucede en nuestro organismo cuando picamos a menudo.

4. Hidrátate bien
Aunque es de gran importancia mantener una buena hidratación, debes saber que el único momento en el que deberías evitar beber es durante las comidas, pues el líquido dificulta el proceso digestivo. Hidrátate, pero hazlo en otros momentos del día. Personalmente, me gusta hacerlo en cantidad por la mañana. Por la noche, suelo prepararme una jarra de litro y medio y, al despertar, con una parte preparo una infusión de la que disfruto tras lavarme los dientes, mientras que el resto lo tomo durante el tiempo que camino y hago ejercicio, todo antes de desayunar. Así, prolongo el ayuno nocturno y, gracias a la ingesta de líquido, favorezco la eliminación de toxinas a través de la orina.

5. Mastica
El estómago no tiene dientes. Al no masticar los alimentos como es debido, el sistema digestivo no podrá descomponerlos óptimamente, por lo que tardarán más en digerirse y podrán causar hinchazón y gases. De hecho, la masticación es la primera función digestiva, algo que sucede mediante la acción de los dientes y el ensalivado, de forma que se prepara el alimento para que el estómago lo digiera. Ofrecernos el tiempo de masticar conscientemente es esencial si queremos colaborar con los procesos digestivos y facilitarle el trabajo a nuestro estómago.

Una forma bella de incorporarlo y convertirlo en un hábito es, al sentarnos en la mesa, hacer dos o tres inhalaciones y exhalaciones mientras agradecemos a los seres vivos y personas que nos han ofrecido su tiempo y alimento para que hoy podamos nutrirnos. Esto nos ayuda a estar presentes y nos prepara para el maravilloso acto de comer.

Ayuno nocturno

Quizá más conocido como *ayuno intermitente*, aunque a mí me gusta llamarlo *nocturno* porque estamos diseñados biológicamente para realizarlo cada noche de nuestra vida.

Es simple. Igual que los animales diurnos se retiran y preparan para dormir al caer el sol, nosotros estamos naturalmente programados para hacer lo mismo.

Cuando el sol se esconde, se activa la melatonina, la hormona que le indica al cuerpo que es hora de recogerse y descansar, por lo que nuestro sistema se relaja y, al mismo tiempo, nuestra capacidad digestiva decae. Si en este momento comemos alimentos que requieren mucha energía para su digestión, provocamos que el cuerpo se distraiga empleándola allí donde no toca, algo que interfiere día tras día en el necesario proceso de regeneración.

Por el contrario, colaborar activamente con nuestra naturaleza tiene un impacto muy positivo en nuestra salud y longevidad.

Todo lo que tenemos que hacer es dejar de comer unas tres horas antes de acostarnos, de tal forma que nos aseguremos de que la digestión se haya completado al meternos en la cama, y no comer nada hasta que pasen por lo menos doce horas desde el último bocado. Es algo muy sencillo de hacer, pues gran parte de ese tiempo lo pasamos durmiendo.

De esta manera, damos espacio para que la sabiduría y el mecanismo biológico operen libre y eficazmente.

Y, así, mientras nosotros dormimos y nuestro cuerpo reposa, la energía pasa a emplearse en los procesos de limpieza, restauración y depuración de células dañadas, envejecidas, tumorales o cargadas de toxinas y bacterias.

Un ejemplo es cenar a las 20.00 h y desayunar a las 8.00 h, aunque alargarlo entre catorce y dieciséis horas resulta muy beneficioso. Quince horas de ayuno nocturno es mi media.

Soy una enamorada de este tipo de ayuno y me gusta mucho difundirlo, pues, además de ayudar a todos los procesos de regeneración, desinflamación y revitalización de nuestro organismo, también es una forma de cultivar nuestra fortaleza interior, algo muy valioso en una vida que nos arrastra fácilmente a cometer excesos.

Si te animas a practicarlo, debes saber que durante las horas de ayuno solo puedes tomar líquidos sin calorías. Idealmente, agua e infusiones, aunque el caldo vegetal, té o incluso café, sin añadir nada extra, tampoco rompen el estado de ayuno.

Es importante señalar que en mujeres embarazadas no es recomendable forzar un ayuno superior a las doce horas, pues al estar generando vida es necesario priorizar una buena nutrición.

El ayuno es la mejor herramienta de limpieza y regeneración interna.

Algunos de sus beneficios:

- Mejora las digestiones y la salud intestinal.
- Mejora la capacidad depurativa del organismo.
- Elimina mediadores de la inflamación.
- Promueve la regeneración de células dañadas.
- Activa la movilización de toxinas y su eliminación.
- Aumenta la sensación de bienestar físico.
- Aumenta la claridad mental.
- Aumenta la vitalidad.
- Aumenta la longevidad.
- Ayuda al control de peso.

Ayuno terapéutico

La historia está llena de defensores de esta práctica. Aztecas, egipcios, esenios, persas e indios americanos ya hacían ayuno terapéutico, pues conocían sus ventajas medicinales. Hipócrates, gran defensor del ayuno, decía: «Antes de acudir al médico, ayuna un día», y Platón practicaba de forma regular ayunos de diez días.

Los animales ayunan cuando están enfermos o heridos.

Y es que, al dejar de comer, le brindamos a nuestro cuerpo espacio para hacer una buena limpieza a fondo e incluso restaurar el equilibrio perdido. Algo que cobra especial sentido teniendo en cuenta nuestra forma de vida actual, con gran tendencia al exceso.

Ayunar es algo que todos podemos hacer. Es económico, fácil y, a menos que haya un problema de gravedad, todas las personas adultas estamos preparadas físicamente para ello. Consiste en beber solo agua y alguna infusión depurativa, aunque también se puede incluir caldo vegetal, que reconforta y ayuda a que sea más fácil de llevar.

Es decir, desde la comodidad de nuestra casa, podemos darle un descanso a nuestro organismo siempre que queramos, con un ayuno que puede ser de veinticuatro horas, lo cual ya es fantástico, o incluso hasta de setenta y dos.

En realidad, su principal dificultad es sobre todo mental: supone un reto para nuestra fuerza de voluntad, que por lo general es débil. Sin embargo, una vez que hemos atravesado la primera barrera de incomodidad tras sentir el hambre esta suele desaparecer. Un truco que a mí me ayuda muchísimo es recordarme que esto es algo que he elegido yo, que lo hago porque quiero, por mi salud, que nadie me obliga ni me falta comida, y que esta estará esperándome cuando decida volver a comer.

En este ayuno, al ser más largo que el nocturno y privarnos de nutrientes, obliga al cuerpo a recurrir a sus propios recursos. Así, una vez que se han acabado la glucosa y el glucógeno, este depende por completo de ellos, lo que lo lleva, básicamente, a combustionar todo tipo de residuos tóxicos acumulados en nuestras células.

Durante este tipo de ayuno, el cuerpo inicia un profundo y poderoso proceso de limpieza y curación. Yo misma he experimentado la expulsión de parásitos muertos por inanición que de otra forma hubiesen sido más difíciles de eliminar; por eso confío tanto en este tipo de ayuno.

No lo olvidemos, nosotros somos la medicina. Igual que la naturaleza, nuestro cuerpo tiene la cualidad natural de regenerarse si le damos la oportunidad.

Hay una inteligencia sagrada en cada uno de nosotros, que opera, precisamente, cuando le dejamos espacio. Debemos confiar más en nuestro poder de autosanación y regeneración.

¿Cuándo hacer este tipo de ayuno?

Podemos darle descanso a nuestro cuerpo siempre que queramos, pues recibirá con gusto este espacio de regeneración.

De hecho, yo lo tengo incorporado como un hábito. Lo practico sistemáticamente cada seis días: al séptimo ayuno unas treinta y seis horas. También me gusta practicarlo en la luna nueva durante unas cuarenta y ocho horas. Lo realizo no solo para colaborar con mi cuerpo, sino también como una ofrenda. Es mi forma de agradecer a la Tierra, así como a los seres que me ofrecen su alimento y nutrición. Realizo estos ayunos como un ritual de gratitud.

Podemos ayunar un día a la semana, cada mes, en cada nueva estación o dos veces al año, por ejemplo.

También es una buena idea hacerlo cuando el cuerpo nos da señales de que algo no anda bien, ya sean migrañas, alergias, malas digestiones, candidiasis constantes, cansancio extremo... Por ejemplo, en mi caso, el primer ayuno terapéutico decidí hacerlo porque llevaba un tiempo sintiendo mucha distensión abdominal, a lo que en un momento dado se le sumaron muchas heridas repentinas en la cavidad bucal (aftas), hasta cuatro a la vez. En ese momento, supe que algo no iba bien y decidí llevar a cabo mi primer ayuno.

Es importante no tomar este tipo de ayuno a la ligera, o como una práctica recurrente para equilibrar nuestros excesos: hay que considerarlo como un proceso medicinal. Debemos apreciar su capacidad para reajustarnos y que nos sirva como (re)inicio de unas pautas de alimentación y de vida más sanas y equilibradas, si las hemos perdido.

Síntomas de desajuste

Nuestro estado natural y normal es hacer las digestiones bien, dormir bien y no tener dolor, procesos inflamatorios, estreñimiento, erupciones en la piel o reacciones alérgicas, por poner unos ejemplos. Si aparecen estos síntomas, no los normalices: ponte en manos de un buen profesional que te acompañe y te guíe. Estos pequeños desajustes podrían ser la antesala de algo más grave. El cuerpo nos habla siempre. Tratar a tiempo estos síntomas es fundamental: no olvides que siempre es infinitamente más sencillo tratar algo cuando aún es pequeño.

Estoy segura de que en algún momento de tu vida algo te ha anunciado que había algún problema, ¿verdad? Un leve goteo en el techo, una humedad en una pared, un ruido extraño en un electrodoméstico, un desagüe que no tragaba bien... Estoy segura de que, si no lo atendiste y miraste para otro lado, como quien no quiere ver (todos lo hemos hecho), fue a más, ¿verdad? Y lo que hubiese sido una reparación relativamente sencilla se convirtió en algo mucho mayo o incluso lo echó todo a perder.

Pues con nuestra salud sucede exactamente lo mismo. Así que, si tienes algún síntoma, no lo dudes; busca ayuda profesional, pues probablemente puedas resolver el problema fácilmente y evitar que vaya a más.

Recientemente, tuve un desajuste en mi salud y observé ciertas anomalías, por lo que no dudé en contactar tan pronto como me fue posible con un profesional para empezar el proceso de recuperación. Sin embargo, me sorprendió cuando lo comenté en mi entorno cercano, pues muchas personas me dijeron que tenían los mismos síntomas desde hacía años y los habían normalizado.

Nunca deberías normalizar:

- Migrañas crónicas
- Reflujo al hacer la digestión
- Gases constantes
- Hinchazón abdominal
- Estreñimiento
- Heces blandas, pastosas
- Heces muy duras, bolas
- Erupciones en la piel
- Dolor en las articulaciones
- Agotamiento crónico
- Sensación de niebla mental
- Insomnio

¿Existe la fórmula mágica?

Aunque a lo largo de las páginas de este libro comparto contigo mi visión de la nutrición, lo cierto es que es irreal poner todo el peso de la salud en un solo pilar. Una buena nutrición es esencial, es nuestra forma de cuidar y proteger nuestro cuerpo, nuestro hogar, al mismo tiempo que cuidamos y protegemos la salud de nuestra Madre Tierra, nuestro gran hogar.

Sin embargo, desde mi punto de vista, resulta evidente que existen otros factores importantes que debemos considerar para tener una vida saludable, una vida en la que haya armonía y bienestar.

También es fundamental acercarnos a la naturaleza, tocarla y relacionarnos con ella, así como vivir en sincronía con sus ciclos; disfrutar de un buen descanso; practicar ejercicio físico; evitar el estrés y la angustia, y llevar una vida en coherencia con nuestros sentimientos profundos, una vida donde haya ganas, ilusión, alegría y buenas relaciones.

Muchas son las veces en las que, en nuestro afán por restablecer nuestra salud y convertirnos en una persona saludable, o incluso en un superhumano, nos complicamos, damos muchas vueltas o buscamos vías extremas.

Yo prefiero lo sencillo. Creo profundamente que ahí está el secreto.

En este sentido, siempre he encontrado inspiración y refugio en la observación de lo que denominamos *blue zones* o lo que vienen a ser las sociedades actuales más longevas del planeta, que se encuentran en zonas muy dispares y tienen una alimentación bastante diferente. Sin embargo, en todas ellas sus habitantes son conocidos por alcanzar edades muy avanzadas con buena salud.

Curioso, ¿no? Si esto es así, ¿qué nos estamos dejando por el camino?

Desde mi punto de vista, resulta evidente. La coherencia y la sencillez, el contacto con la naturaleza y el consumo de alimento local, natural y de temporada, la ilusión por la vida, la ligereza y la alegría. Estas personas no tienen un vida delirante ni excesiva. Estas personas no comen, se alimentan, cuidan sus huertos o jardines, caminan, se ejercitan, se mantienen activos, se reúnen y celebran la vida. Despiertan al amanecer y, cuando se esconde el sol, cierran con gratitud el día.

Es decir, viven más sincronizadas con la naturaleza, tienen vidas plácidas y encuentran alegría en las pequeñas cosas del día a día.

Estoy convencida de que este es el secreto de la buena longevidad.

Y, sabiéndolo y poniéndolo en práctica, todos podemos alcanzarla.

Tres medicinas

Aunque considero algo esencial para nuestro bienestar mirar en nuestro interior y observar nuestro estilo de vida y nuestro estado emocional para valorar con sinceridad si somos felices, si estamos en coherencia con lo que sueña nuestro corazón. Lo cierto es que no siempre es fácil cambiar todo, y menos de repente. A veces, ni siquiera deseamos cambiar, porque nuestra vida nos gusta; simplemente, sentimos que algo no anda bien y que tenemos que hacer algunos ajustes. En este sentido, deseo compartir contigo mis tres medicinas, es decir, tres recursos que, vivas donde vivas y sea como sea tu día a día, traerán riqueza a tu vida si los pones en práctica.

Respira

Tres de nuestros grandes males de hoy en día son la ansiedad, el estrés y la prisa. Todos ellos nos tienen en alerta constante y nos desconectan de nosotros, de lo importante y de nuestro estado natural de armonía.

La respiración es el superpoder con el que todos nacemos, a través del cual podemos apaciguar nuestras tormentas y regresar a la quietud del corazón, donde residen la intuición y la sabiduría. A través de la respiración profunda, todos los seres humanos podemos calmar nuestro sistema nervioso, nuestra riada de pensamientos, modular la intensidad de la emoción y fomentar la presencia, la autoescucha, la claridad y la salud.

Cada vez que respiramos profundamente, activamos el interruptor que hace que el sistema nervioso pase del estado simpático (lucha, huida) al parasimpático (reposo, calma, digestión), un cambio que permite que la mente, el corazón y el cuerpo vuelvan a sincronizarse, recuperando así nuestra paz interior, reequilibrándola y modulándola.

¿Cómo empezar?

Ya sea sentándote en el suelo o en una silla, o incluso estando de pie, cierra los ojos e inhala ampliamente por la nariz y exhala profundamente por la nariz. Hazlo tres veces seguidas y observa el cambio que se produce en tu cuerpo y tus sensaciones.

Tras esos primeros momentos, continúa respirando de forma más suave, pon toda tu atención en la respiración, ánclate en ella, inhalando y exhalando siempre por la nariz.

Respira así tantas veces como desees al día. Dedica cinco minutos al despertar, ir en coche o cocinar: incorpora esta respiración en tu día a día. Si la practicas frecuentemente, acabará convirtiéndose en un hábito y empezarás a vivir con más presencia y a relacionarte contigo y con tu entorno con más claridad, paciencia y armonía.

Agradece

Otro de los grandes males del ser humano es la queja. La constante sensación de escasez y de carencia nos lleva a tener una vida retraída e infeliz.

Todo cambia de color cuando nos quejamos menos, tomamos la dirección que deseamos y empezamos a vivir con gratitud. La gratitud es el gesto de no dar las cosas por sentadas.

¿Cómo podemos dar por hecho el milagro mismo de la vida?

Es un hecho demostrado que la gratitud mejora la salud. Todos tenemos un sinfín de cosas por agradecer. Cuando agradecemos las pequeñas cosas de cada día somos capaces de ver lo extraordinario en lo ordinario.

Por norma general, no valoramos que somos afortunados por el simple hecho de despertar cada día, de hacerlo bajo un techo y en una cama mullida.

No valoramos que llevarnos alimento a la boca es una bendición.

Cuando pasamos de vivir a vivir la vida con gratitud, todo cambia, nos volvemos personas más felices y nos sentimos envueltas en abundancia. Celebramos la vida. Incluso nos quitamos de encima los pequeños dramas, pues de repente somos capaces de ver que estos contratiempos no son importantes o, si lo son, que tras ellos se esconde un regalo que puede venir en forma de aprendizaje o posibilidad de evolución.

De hecho, se ha demostrado que personas con una actitud agradecida ante la vida gozan de mejor salud, pues esto fortalece el sistema inmune y regula la tensión arterial, e incluso los niveles de azúcar en sangre.

Y, además, practicar la gratitud es económico. ;)

¿Cómo empezar?

Una forma fácil de recordarlo y convertirlo en un hábito es dedicarle unos minutos antes de levantarte o de acostarte (quizá durante un tiempo necesites una nota recordatoria, ¡úsala!).

Cierra los ojos, lleva tus manos al corazón, respira y encuentra tres motivos para agradecer. Dibuja una pequeña sonrisa en tus labios. Ya lo tienes. Pronto te encontrarás agradeciendo de forma espontánea diferentes momentos del día.

Toca tierra

Tal y como he dicho a lo largo de las páginas de este libro, estoy profundamente convencida de que nuestro principal problema es que nos hemos distanciado de la naturaleza, que nos hemos acostumbrado a llevar una vida artificial.

En la comprensión de que somos naturaleza y el regreso a lo natural y a la tierra está nuestra medicina.

Deseo invitarte a que retomes tu relación con ella. Hay múltiples cosas que puedes hacer para cuidar y fortalecer este vínculo.

Quítate los zapatos y camina sobre tierra, césped, piedras, rocas o arena. Cuando haya sol, disfruta en tu piel de su caricia y su calor; siente su contacto. Cuando llueva, deja que el agua te empape las mejillas y los párpados aunque sea unos instantes.

Si tienes jardín, crea un pequeño huerto de plantas aromáticas; si no tienes, hazlo en una terraza, repisa o macetas en la cocina, ya sea de una pequeña planta o varias. La forma no importa, lo que importa es que las cuides, las riegues, las nutras, las mimes y les ofrezcas cariño. Hunde en la tierra tus pies, manos o dedos y, por supuesto, úsalas para enriquecer tus platos con sus hojas, flores o frutos.

Es decir, genera espacios para fortalecer tu instinto natural y recuperar tu sabiduría innata ancestral.

Utensilios de cocina

Del mismo modo que es importante cuidar qué alimentos compramos, es importante cuidar qué materiales usamos para conservar nuestros alimentos y cocinarlos.

A continuación, vamos a hacer un breve repaso a los materiales libres de tóxicos que has de priorizar, así como de los que deberías descartar por liberar sustancias tóxicas para la salud.

No utilizar
Aluminio, plomo, teflón: todos ellos liberan sustancias perjudiciales para la salud.

Si los tienes en casa, observa que no estén rayados o golpeados.

En cuanto al aluminio, procura no utilizarlo con sustancias calientes ni con limón, pues ambas cosas favorecen la liberación de sustancias nocivas y la consiguiente intoxicación.

Sí utilizar (fuego)
Acero inoxidable
Acero inoxidable quirúrgico combinado con titanio 316Ti
Titanio
Hierro (siempre que lo mantengas bien y evites su oxidación)
Cristal vitrocerámico

Si vas a comprar una nueva batería de cocina, fíjate en que el acero inoxidable no esté combinado con otros metales perjudiciales (a veces lo combinan con aluminio) y que sea de muy buena calidad.

Sí utilizar (conservar)
Cristal
Silicona
Cerámica o porcelana libre de barnices brillantes (pueden contener plomo)

En cuanto al plástico, fíjate en la información del sello: si aparece el número 3, 6 o 7, descártalo completamente; el 1 utilízalo solo una vez (suele ser el de las botellas de agua); los 2, 4, 5 son los más seguros. Eso sí, evita introducir alimentos calientes en ellos, pues hace que los compuestos nocivos se desprendan y pasen al alimento.

Utensilios que encontrarás en mis recetas

Igual que un carpintero o jardinero, que disponen de herramientas para desarrollar con gusto y facilidad su trabajo, si queremos disfrutar del placer de cocinar, hay algunos instrumentos que no pueden faltar. Estos son algunos de los que encontrarás en mis recetas.

Cuchillo de cocina
Si todavía no tienes uno bueno, te recomiendo mucho que lo busques: te ayudará a disfrutar de la preparación de alimentos. Los mejores suelen ser los de chef, los grandes, ya sean de filo japonés u occidental.

Mandolina
Hace años que descubrí la mandolina gracias a una persona con la que asistía a un curso de cocina. Me cautivó desde el primer momento, pues con este utensilio no necesitas ser un gran chef para filetear fino. Recuerdo que me dijo que comprara una japonesa, pues es la mejor. No dudé en buscarla. Han pasado unos diez o quince años de eso y todavía la utilizo, está intacta. Es perfecta para filetear en cualquier grosor todo tipo de vegetales y verduras. Solo tienes que tener cuidado con los dedos al utilizarla, pues está muy afilada.

Espirilizador
Este es un utensilio para elaborar espaguetis vegetales. A mí me gustan los que son grandes, pues permiten hacer fideos de vegetales de mayor tamaño, como de remolacha o boniato.

Batidora
Electrodoméstico estrella en mi cocina. Si tienes una buena máquina (que tenga una potencia por encima de los 900 W con el complemento del pistón), vas a poder hacer todo tipo de preparaciones con ella, como cremas sedosas, patés vegetales, hummus y batidos.

Tazas y cucharas medidoras
Estos utensilios de medición me resultan muy cómodos y, de hecho, baso en ellos las medidas con las que me gusta elaborar mis recetas (aunque en las de este libro siempre encontrarás la conversión en gramos, por si eres más de pesar).

Abreviaciones en los listados de ingredientes
sin gluten: s/g
sin azúcar: s/a
sin filtrar: s/f

Tabla de medidas
Cuando en mis listados de ingredientes veas T, significa taza; C es cuchara y c es cucharita.

1 T = 250 ml	¼ T = 60 ml	½ c = 2,5 ml
½ T = 125 ml	1 C = 15 ml	¼ c = 1,25 ml
⅓ T = 80 ml	1 c = 5 ml	

DIETA DEPURATIVA

Aunque considero el ayuno una grandísima herramienta para ponernos en pausa y restablecer el equilibrio del cuerpo, lo cierto es que no siempre nos sentimos capaces de hacerlo o nuestro estado emocional, compromisos o ritmo de vida no nos lo permiten.

En ese caso, siempre podemos hacer algo más suave e igualmente excelente para dar un descanso a nuestro aparato digestivo: reducir la ingesta calórica y favorecer el détox. Me refiero a seguir una dieta depurativa durante varios días, desde tres hasta siete o incluso veintiún días.

Una dieta depurativa se basa en retirar todo lo que carga, satura e intoxica a la vez que se añaden alimentos de digestión fácil, más frugales, naturales y saludables que permitan reducir la carga en los intestinos y órganos emuntorios y favorecer su limpieza y regeneración.

Las dietas depurativas han de hacerse de manera puntual, pues no suelen ser completas nutricionalmente. Su finalidad es aligerar y revitalizar. Por ejemplo, resultan muy efectivas cuando regresamos de unas vacaciones en las que hemos comido de más o alimentos de peor calidad, o cuando hemos pasado una época de mucho estrés o encuentro social y hemos descuidado la alimentación, o para hacer una puesta a punto en primavera y otoño.

Son de gran ayuda para descongestionar, eliminar algunos kilos de más, contrarrestar procesos de inflamación, recuperar el equilibrio ácido-base, revitalizar el cuerpo y activar mecanismos de limpieza y eliminación.

Existen muchos tipos de dietas depurativas, como la tradicional de la medicina ayurveda, durante la cual solo se consume kitchari (judías mung y arroz blanco con unas pocas verduras) o monodietas de varios días con alguna fruta, como manzanas, piña o fresas. No obstante, en el contexto actual, considero mucho más interesante mantener una alimentación muy ligera con gran aporte de líquido y una ingesta baja de carbohidratos en combinación con ayuno nocturno.

A continuación, comparto contigo una dieta depurativa que podrás hacer siempre que quieras.

Funcionamiento

He tratado de que esta dieta sea muy atemporal para que puedas realizarla en cualquier momento del año.

La idea es preparar un caldo base que va a servirte para las comidas y las cenas de los tres días con alguna pequeña variación. Los desayunos siempre serán un pudding de chía, que te ayudará a hacer barrido en los intestinos.

Es decir, durante tres días, tus desayunos, comidas y cenas serán las mismas.

Si te animas a seguir esta dieta, te invito a que la mires con curiosidad en vez de como un menú tedioso. A mí siempre me ayuda pensar que es algo que he escogido yo, que es temporal y que dentro de poco volveré a disfrutar del placer de otras comidas.

Te estoy poniendo en preaviso, pero en realidad verás que, para ser un menú depurativo, es absolutamente delicioso. Su magia radica en simplificar la información que reciben tu estómago e intestinos y favorecer así los procesos digestivos y depurativos.

Trata de hacer un mínimo de doce horas de ayuno, idealmente catorce o dieciséis. Hidrátate. Bebe al menos un litro de agua con una rodajita de limón o infusiones depurativas durante este tiempo. A lo largo del día, puedes tomar también infusiones depurativas. Evita otras bebidas durante este tiempo. La última ingesta del día deberá ser como mínimo tres horas antes de acostarte.

Si tomas café, mi recomendación es que dejes de consumirlo en estos días. Este es un gran momento para que te demuestres que puedes vivir sin él, que esta sustancia no controla tu vida, no porque sea mala *per se*, sino por la dependencia que crea y porque suele tomarse en exceso.

Si te facilita seguir la dieta depurativa y favorecer el ayuno, puedes llevarte tanto el desayuno como la comida al trabajo en un tupper o termo que mantenga el calor.

Aunque soy partidaria de que cuanto menos tenga que trabajar el sistema digestivo, mejor para los días depurativos, si estás tomando suplementación puedes continuar con ella, a no ser que sea en polvo para disolver en agua, en cuyo caso es mejor aparcarla, pues suele contener endulzante para hacerla más agradable.

Recuerda masticar y ensalivar bien cada uno de los bocados de las comidas. Come con presencia, sin distracciones. En este sentido, te ayudará mucho hacer tres inhalaciones profundas, con gratitud, delante del plato antes de comenzar a comer.

Si lo deseas, alarga esta dieta unos cuantos días más, pero mejor no más de una semana. Incluso puedes intercalar cada dos días un ayuno de agua o caldo. Lo que consideres y te apetezca.

Una invitación

Cuando prepares el caldo, pon conciencia en ello y hazlo con amor. Trocea los ingredientes, mézclalos y sírvelos con atención y pensando que estás haciendo algo muy rico y amoroso para ti. Te estás preparando medicina.

Tu forma de relacionarte con este momento puede elevarlo y convertirlo en un ritual de amor en lugar de en una simple gestión.

Practica lo mismo al preparar el pudding de chía y decorarlo.

Excepciones y ajustes

Si estás tomando medicación, no la dejes durante estos días.

A menos que tengas un problema de salud importante y estés bajo supervisión médica, podrás realizar esta depuración siempre que lo desees. Cualquier duda que tengas respecto a si es adecuada para ti o no, consúltala con tu médico de confianza.

Si tienes un problema de salud por el cual tienes restringidos temporalmente ciertos alimentos, puedes seguir la dieta ajustando los que sí puedas consumir.

Si estás embarazada o eres mamá lactante, puedes hacer esta dieta depurativa añadiendo alguna proteína en la comida y en la cena, como huevo o pescado, incluso un puñadito de arroz u otro cereal sin gluten. Siempre con total sinceridad: si tienes hambre, es necesario que comas; si te resulta muy difícil continuar, mejor déjala para otro momento. En cualquier caso, no hagas más de doce horas de ayuno.

La sal negra a la que me refiero a lo largo de este libro es una sal teñida con carbón activo.

El agua de rosas es un hidrolato y se encuentra fácilmente en tiendas ecológicas; pide que sea de uso alimentario. También en las tiendas ecológicas se encuentran los pétalos de rosa.

Calendario de comidas para 3 días

Desayuno: Pudding de chía con frutas del bosque

Comida: Sopa détox con brócoli y aguacate

Cena: Sopa détox con calabaza, brócoli y canela

Lista de la compra para 3 días

Cantidades para 1 persona

2,5 kg de calabaza violín

1 brócoli

3 ramas de apio

3 aguacates medianos

2 limas

1 manojo de cilantro fresco

20 g de cúrcuma fresca

25 g de jengibre fresco

5 vainas de lemongrass

Unos brotes o germinados

100 ml de aceite de coco virgen

Unas pocas semillas de cilantro

Unas pocas semillas de hinojo

Un poco de pimentón dulce o picante

Un poco de nuez moscada

Un poco de canela en polvo

Un poco de chili (opcional)

Unas semillas de comino negro (opcional)

Un trozo de alga kombu

Un poco de sal negra

Sal natural

Desayuno

300 g de fresas, frambuesas o arándanos

1 L de leche de coco o almendra s/a

120 g de semillas de chía

Un poco de agua de rosas de uso culinario

Unos pocos nibs de cacao

Un poco de tomillo fresco (o cilantro o hierbabuena)

Infusiones (opcionales)

Boldo

Cola de caballo

Manzanilla

Rooibos

Kukicha

Té verde

Otra depurativa de tu gusto

Pudding de chía con frutas del bosque

- 1 ración
- 20 minutos
- + grasas + proteínas - carbohidratos

Durante estos tres días, este va a ser tu desayuno. Es perfecto, pues no contiene nada de dulce añadido, es ligero y, gracias al mucílago de las semillas de chía, te ayudará a hacer un buen barrido en los intestinos. Puedes prepararlo cada día igual o variar las frutas —fresas, frambuesas o arándanos—. También puedes cambiar los nibs de cacao por un par de nueces de Brasil picadas y el tomillo por hierbabuena o cilantro.

Ingredientes

¼ T o 40 g de semillas de chía

1 T o 250 ml de leche de coco o almendra s/a

2 c de agua de rosas (opcional)

1 c de nibs de cacao

Un poco de tomillo fresco

100 g de fresas, frambuesas o arándanos

Preparación

1. Pon en un bol o tarro las semillas de chía, el agua de rosas y la leche. Mezcla bien. Deja que repose unos minutos y vuelve a mezclar. Es importante hacer esto unas cuantas veces durante los diez primeros minutos para que las semillas no se apelmacen.
2. Déjalo reposar un mínimo de veinte minutos desde que empiezas el proceso para que las semillas suelten bien el mucílago y creen una masa tipo gel. Si tienes tiempo, déjalo más rato, una media hora.
3. En el momento de servir, incorpora unas fresas, frambuesas o arándanos, o una mezcla de todos. Añade los nibs de cacao y la hierba aromática.

Puedes preparar esta base con antelación y guardarla en la nevera varios días en un tarro o tupper. De hecho, puedes dejar lista de una vez la cantidad para los tres días.

Sopa détox con brócoli y aguacate

8 6 raciones para 3 días

60 minutos

\+ grasas - proteínas - carbohidratos

A continuación vamos a preparar un caldo que versionaremos, empleando diferentes ingredientes para el mediodía y la noche.

Ingredientes para el caldo

3,5 L de agua

1 calabaza violín de 2,5 kg

4 C de aceite de coco

1 c de semillas de cilantro

¼ c de semillas de hinojo

¼ c de nuez moscada

20 g de cúrcuma fresca

25 g de jengibre fresco

5 vainas de lemongrass

Un trozo de alga kombu

3 ramas de apio

1 manojo de cilantro fresco

3 ½ c de sal

Ingredientes para la versión del mediodía (1 ración)

Un puñado de arbolitos de brócoli

1 aguacate mediano

½ lima

1 c de sal

Un poco de cilantro fresco

Un poco de chili (opcional)

Un poco de pimentón dulce o picante

Unas semillas de comino negro (opcional)

Un poco de sal negra

Preparación

1. Precalienta el horno a 220 °C.
2. Asegúrate de lavar bien la calabaza por fuera, córtala en varios trozos para que sea manejable y, con la ayuda de un buen cuchillo, pélala. Con una cuchara, quítale también la parte de las semillas. Reserva las pieles y todo lo que has retirado en un bol. Lo usarás para el caldo.
3. Pela la cúrcuma y el jengibre, y trocéalos. Reserva.
4. Retira la primera capa de las vainas de lemongrass y cháfalas con un cuchillo para que se rompan las fibras y desprendan el aroma. Pícalas en varios trozos.
5. Pon en un mortero las semillas de cilantro, hinojo y la nuez moscada, y machácalos.
6. Calienta 2 cucharadas del aceite de coco en una olla. Añade las semillas y 1 cucharadita de sal, y mezcla bien, dejando que suelten la fragancia, con cuidado de que no se quemen. Luego, incorpora el jengibre, la cúrcuma y el lemongrass, y saltea un minuto.
7. Añade las peladuras y las semillas de la calabaza. Cubre con los 3,5 litros de agua y agrega el resto de la sal, el alga kombu y las ramas de apio lavadas y troceadas, sin las hojas. Tapa la olla y, cuando rompa a hervir, abre ligeramente la tapa y deja que se cocine 45 minutos a fuego suave. A la media hora, añade los tallos del manojo de cilantro.
8. Mientras tanto, trocea la calabaza en cubos del tamaño de un bocado y ponla en un bol con 1 cucharadita de sal y 2 cucharadas de aceite de coco derretido en una cazuelita. Mezcla bien con las manos y extiende en una bandeja de horno protegida con papel de hornear. Hornea a 200 °C unos 30 minutos o hasta que esté tierna y ligeramente dorada. Reserva para la versión de la noche.
9. Cuando el caldo haya hervido los 45 minutos, cuélalo y resérvalo. Deja que se temple y consérvalo en tarros de cristal en la nevera hasta que vayas a usarlo.
10. Para la versión del mediodía, escalda 3 minutos los arbolitos de brócoli para que se cocinen al punto. Cuela y reserva.
11. En un bol, mezcla el brócoli con el aguacate troceado, unas hojas de cilantro fresco, chili, un poco de zumo de lima, aceite de oliva y sal.
12. Sirve unos 450 ml de caldo bien caliente con esta mezcla y añade un poco de pimentón, semillas de comino y un trozo de lima para decorar.

Sopa détox con calabaza, brócoli y canela

1 ración

10 minutos

+ carbohidratos - grasas - proteínas

Para las noches, vamos a utilizar el mismo caldo cambiando los ingredientes del mediodía por calabaza. De esta forma, será más ligera y de más fácil digestión para esta hora del día.

Otra versión que puedes hacer si deseas variar es triturar el caldo con unos cubos de calabaza para obtener una crema.

Ingredientes

Un puñado de trozos de calabaza asada (pág. 34)

450 ml de caldo aprox. (pág. 34)

Un puñado de arbolitos de brócoli

¼ c de canela

⅓ c de nuez moscada

Una pizca de sal

1 c de aceite de coco

Unos brotes

Unas semillas de comino negro

Preparación

1. Escalda el brócoli tres minutos. Cuela y reserva.
2. Calienta el aceite de coco en una sartén y saltea ligeramente la calabaza y el brócoli con la canela, la nuez moscada y la sal. Reserva.
3. Calienta el caldo en una olla.
4. Sirve el caldo con el salteado, añade unos pocos brotes y el comino negro.

Para preparar otra versión realmente deliciosa de esta sopa fuera de estos días depurativos, mientras se calienta el caldo, añade unos 200 ml de crema de coco. Sírvela con las verduras que desees (pueden ser la calabaza y el brócoli), un poco de arroz basmati o arroz nerone, dos huevos hervidos 6 minutos y un poco de cilantro fresco. El resultado será una sopa de estilo tailandés deliciosa.

— BATCH COOKING

ø 86 mm

La traducción literal de *batch cooking* es «cocina en masa» y es sumamente práctico a la hora de organizarnos para comer saludable en casa. Consiste en dedicar unas horas a hacer unas preparaciones estratégicas para conservar en la nevera y utilizar durante los días siguientes, lo cual nos facilita preparar la comida y reduce mucho el tiempo en la cocina, a la vez que evita que piquemos cualquier cosa cuando llegamos a casa con hambre, pues tendremos platos muy completos y apetecibles en unos pocos minutos.

La práctica del batch cooking es opcional. El domingo, por ser festivo, suele ser el día idóneo para dedicar algo de tiempo a cocinar. Por eso lo he elegido en el libro, mientras que he reservado el miércoles para algunos añadidos.

El batch cooking es de mucha ayuda si tenemos muy poco tiempo para cocinar durante la semana y resulta muy completo, pues consiste en elaborar preparaciones muy variadas, de forma que durante la semana apenas tengamos que hacer nada, pero puede ser algo mucho más sencillo, por ejemplo, preparar un cereal para varios días, alguna verdura, una sopa o crema y una salsa. Solo esto ya nos facilita el día a día en la cocina.

¿Has preparado alguna vez más cantidad de un guiso de la que necesitas?, ¿has experimentado el gusto de ir días después a la nevera y tenerlo listo para comer? Eso es básicamente el batch cooking: hacer comida de más pensando en raciones para varios días.

He querido compartir contigo cuatro semanas de ejemplo de batch cooking, una para cada estación del año, a fin de que lo pongas en práctica y te hagas una idea de cómo se estructura y, sobre todo, experimentes de forma ordenada la alimentación en la que creo y que te explico en este libro. Así podrás valorar si te gusta y también cómo te sientes.

Eso sí, antes de continuar con la parte práctica, es muy importante para mí hacer unas anotaciones. Por favor, léelas bien antes de empezar.

Cabe destacar que he diseñado estos menús para que sean variados y equilibrados, así descubrirás nuevos sabores y combinaciones. He utilizado mucho huevo porque es un alimento especialmente nutritivo y económico, respetuoso con los animales, cuando es de origen ecológico, y que se come mucho.

Como imaginarás, es imposible preparar unos menús genéricos equilibrados calórica y nutricionalmente para todo el mundo y que, además, se adecuen a todos los gustos y necesidades de salud. Por eso, es importante que tengas claro que puedes ajustarlos según consideres. Tómalos de base y no dudes en adaptarlos.

Te pongo unos ejemplos:

Si practicas el ayuno intermitente, es probable que te sobre el desayuno o la cena. En ese caso, no dudes en omitir uno u otro; eso sí, teniendo en cuenta que en tu día a día tiene que haber un equilibrio de nutrientes (encontrarás las tablas de guía de nutrientes en la pág. 20).

Si no te gusta o no te apetece el desayuno que te propongo para un día, simplemente cámbialo por cualquier otra propuesta de la semana o de otra semana de batch cooking del libro. Una vez más, lo único que tienes que tener en cuenta es que en tu día no falten los nutrientes necesarios, especialmente las proteínas, ni que haya un exceso de carbohidratos, así que, si es preciso, ajusta por otro lado.

Si eres de complexión física grande, si practicas mucho deporte, eres hombre o pierdes peso con mucha facilidad, es probable que estos menús sean algo ligeros o incompletos. En este caso, para hacerlos más saciantes, nutritivos y calóricos, añade más grasas y proteínas de calidad a las ingestas del día que consideres.

Si no comes carne, pescado, huevos o lácteos, sustitúyelos por otras proteínas de origen vegetal.

Si hay algún ingrediente que por intolerancia o cualquier otra cosa no consumes, sustitúyelo por uno de características similares, por ejemplo:

- Almendras por semillas de calabaza, aguacate, otros frutos secos... (grasas).
- Legumbre por huevo, carne, pescado... (proteínas).

Si eres de terminar las comidas con un toque dulce, puedes tomar un poco de chocolate negro a partir del 80 % después de comer. Te dará satisfacción y es lo que menos interfiere en la digestión.

En caso de que ninguna de las cenas de la semana te agraden o sean demasiado ligeras, puedes preparar cualquiera de las que propongo en las otras semanas de batch cooking o añadir algo de grasa o proteína a las de la semana. Muchas veces, para cenar es ideal una simple tortilla de calabacín, por rapidez, digestión y nutrición.

Si haces ayuno intermitente y eres de saltarte la cena, pero te apetece algo caliente, lo mejor es que tomes un buen caldo casero vegetal.

Por supuesto, puedes saltarte el desayuno y hacer comida y cena, en cuyo caso quizá sea buena idea añadir algo más de grasa a la comida o de proteína ligera a la cena. Eso sí, si cenas, ten en cuenta que vas a necesitar al menos dos horas para hacer la digestión.

No propongo meriendas ni snacks porque lo ideal es dejar unas tres horas de digestión entre ingesta e ingesta. Si eres de picar algo dulce, quizá encuentras mucho placer tomándote un buen latte (págs. 200, 202), como yo, o una pieza de fruta, frutos secos, un poco de kéfir de cabra o yogur vegetal con fruta, unos orejones o una pequeña pieza de chocolate negro. Y, si eres de salado, te recomiendo mucho que adelantes la cena.

Personalmente, cuando preparo el batch cooking, suelo calcular las verduras a ojo y, durante la semana, juego con ellas entre los platos del mediodía y de la cena. Al hacerte la guía, he tratado de ser lo más precisa que he podido con las cantidades, pero es probable que sobren algunas verduras; si sucede esto, no dudes en incluirlas donde desees.

¿Cómo utilizar estas semanas de demostración?

Para cada una de las semanas, encontrarás el calendario de comidas, la lista de la compra, las preparaciones de batch cooking y las recetas de la semana.

Todo lo que tendrás que hacer es:

1. **Hacer la compra.**
2. **Cocinar los días que indica el calendario.**
3. **Seguir el recetario de batch cooking.**
4. **Dejarte guiar según el calendario de comidas.**

Importante: las cantidades son para una persona.

Anotaciones generales acerca de las compras

Aunque estoy tratando de que este libro sea lo más sencillo posible, según cuál sea tu punto de partida te puede parecer que hay demasiados ingredientes que no conoces o que te hago comprar demasiadas cosas nuevas. Quiero pedirte que te adentres en la experiencia con la curiosidad de un niño, que te permitas jugar y explorar. Sin exigencia y sin tensión. Con ganas e ilusión. Todos son alimentos que van a enriquecer tu cocina y nutrición y, por norma general, aguantan muchísimo en la despensa.

En las listas de la compra, verás que te pido diferentes azúcares; a mí me gusta tener varios en casa y utilizo uno u otro según la receta, pues aportan diferentes matices. Estos suelen ser: miel de calidad, azúcar de coco, azúcar de panela y sirope de agave sin refinar. Si no deseas tener tantos, escoge uno de ellos y haz todas las recetas con el mismo.

En cuanto a la leche vegetal, para preparaciones calientes necesitarás comprarla en brik. Mis favoritas son las de almendra, avellanas o coco, pues son las que tienen menos carbohidratos y se suelen tolerar muy bien. Sobre todo, fíjate en que no lleven azúcares añadidos; estas leches no deben ser dulces al paladar.

En verano, para bebidas frías me gusta comprar almendras o avellanas crudas, así como chufas, y elaborar la leche vegetal yo misma en casa. Es deliciosa, no hay leche de brik que se le pueda comparar (pág. 166).

Verás que no indico cantidades de las especias: es porque son cantidades pequeñas. Si tienes una especia en casa, seguro que bastará; en caso de que no, compra una pequeña cantidad.

Para conservar las hierbas aromáticas, lo mejor es envolver las que son de tallo blando —como el cilantro, el perejil o la albahaca— en papel de celulosa o en un trapo y guardarlas en el cajón de la nevera. Y las que tienen el tallo más grueso —como la menta, tomillo o romero—, en un vasito con agua en la encimera, como las flores.

Aunque no voy a indicártelo en las recetas, doy por hecho que antes de cocinar lavarás todas las frutas y verduras que no vayas a pelar.

PRIMAVERA

Igual que la naturaleza, en esta estación nuestro cuerpo también despierta del letargo de los meses de invierno. La vida se abre paso de nuevo y se siente, innegablemente, una bella energía de posibilidad renovada.

Estamos listos para renacer, así como para recibir todos los vegetales frescos llenos de colores y de vida que los huertos y frutales nos tienen preparados: arándanos, fresas, frambuesas, aguacates, judías, ajos tiernos, espinacas, lechugas, hinojo, zanahorias, patatas, tirabeques, calabacines, espárragos y flores, entre otras maravillas.

	Desayuno	Comida	Cena
Lunes	Tostadas de huevo frito o de sardinas	Pastel de remolacha y azukis con bechamel de apionabo	Vegetales al grill con tahini
Martes	Bol de chía y cáñamo con agua de rosas	Ensalada de avena y radicchio con aliño de tahini	Revuelto de calabacín con tirabeques y rabanitos
Miércoles	Tortillas de almendra con salmón y aguacate	Pastel de remolacha y azukis con bechamel de apionabo	Vegetales al grill con tahini
Jueves	Bol de chía y cáñamo con agua de rosas	Radicchio, pollo al curry y paté de zanahorias	Crema de guisantes y espinacas
Viernes	Tostadas de huevo frito o de sardinas	Ensalada de avena con huevo y hojas variadas	Crema de guisantes y espinacas
Sábado	Tortillas de almendra con salmón y aguacate	Tallarines de remolacha con menta y cilantro	Crema de guisantes y espinacas
Domingo	Tostadas de huevo frito o de sardinas	Crepe bretona con pollo al curry y espárragos trigueros	Vegetales al grill con tahini

Domingo

Horneado de cebolla y zanahoria

Cocción de azukis

Pastel de remolacha, azukis y salvia con bechamel de apionabo

Cocción de avena en grano

Paté de zanahoria al grill

Gomasio de sésamo blanco y negro

Miércoles

Pollo marinado al curry

Aliño de mostaza y tomillo

Crema de guisantes y espinacas

Batch cooking para 1 semana - Cantidades para 1 persona

Vegetales frescos

Para cocinar el domingo

2 manojos de zanahorias frescas

1 apionabo de 1 kg aprox.*

4 limones

1 manojo de remolachas frescas

3 chirivías

1 col lombarda pequeña

1 manojo pequeño de apio

2 cebollas

4 cebollas moradas

1 puerro

1 radicchio*

1 pack de hojas de espinacas baby

1 manojo de espárragos trigueros

1 calabacín pequeño

100 g de tirabeques

1 manojo de rábanos

Tomillo fresco

Cilantro fresco

Salvia fresca*

Perejil fresco

Para cocinar el miércoles y el resto de la semana

1 pechuga de pollo ecológico (unos 400 g)

1 lima

1 cabeza de ajo

Un poco de jengibre fresco

1 lechuga

1 manojo fresco de espinacas*

2 ½ T o 300 g de guisantes frescos o congelados

Menta fresca*

1 radicchio (si no te queda)

Unos brotes

Despensa y nevera

100 g de azukis*

150 g de espelta o avena en grano

40 g de harina de trigo sarraceno

50 g de semillas de sésamo blanco

50 g de semillas de sésamo negro

50 g de alga kombu*

½ docena de huevos ecológicos

Un poco de mostaza a la antigua

Un poco de miel cruda

Un poco de vinagre de manzana s/f

20 g de levadura nutricional*

50 g de nueces pacanas

Un poco de tahini crudo

Un poco de tamari

Sal negra (opcional)

Sal natural

Aceite de oliva virgen

Desayunos

1 pan sin gluten o trigo antiguo de masa madre

½-1 docena de huevos

2-3 latas de sardinas

Unos brotes o germinados

50 g de harina de almendra

400 ml de yogur de coco o almendra

2 aguacates

1 pack de salmón ahumado

1 brik de leche vegetal de coco o almendra s/a

Ghee (opcional)*

50 g de semillas de cáñamo aprox.

40 g de semillas de chía aprox.

Agua de rosas

8-10 pétalos de rosas secas bío (opcional)

Vainilla bourbon en polvo (opcional)

Granola de invierno (pág. 198)*

1 lima

Especias

Cúrcuma

Pimienta negra

Nuez moscada

Pimienta roja

Pimentón ahumado o al gusto

Curry

Chili (opcional)

Hojas de laurel

Semillas de cilantro

Laurel en polvo

Semillas de comino

Semillas de comino negro (opcional)

ⓘ **Anotaciones**

- * Si no encuentras apionabo, sustitúyelo por coliflor.
- * Si no encuentras radicchio (achicoria), sustitúyelo por endivia.
- * Si no encuentras salvia, sustitúyela por tomillo.
- * Revisa si tienes suficientes espinacas para esta crema y las demás recetas; si no es el caso, opta por espinacas frescas en manojo.
- * Puedes omitir la menta y utilizar el cilantro que tienes.
- * Puedes sustituir los azukis por alubia roja o negra.
- * Puedes sustituir el alga kombu por alga wakame u omitirla.
- * Puedes sustituir la levadura nutricional por un poco de queso parmesano.
- * Puedes omitir el ghee y utilizar aceite de oliva.
- * Puedes sustituir la granola de invierno por un poco de fruta, nibs de cacao o frutos secos.

Domingo

Horneado de cebolla y zanahoria

Ingredientes

500 g de zanahorias frescas
1 cebolla morada mediana
Sal
Aceite de oliva

Preparación

1. Precalienta el horno a 220 °C.
2. Si son ecológicas, lava las zanahorias cepillándolas bien con un cepillo de cerdas naturales, sécalas y córtalas por la mitad a lo largo.
3. Pela la cebolla y pártela en ocho trozos.
4. Pon las verduras en una bandeja de horno cubierta con papel de hornear. Añade sal y aceite impregnándolas bien.
5. Coloca en la parte media del horno y hornea unos 30 minutos o hasta que estén ligeramente doradas.
6. Guarda la cebolla, pues parte la vas a utilizar el martes y el resto la puedes servir en las cenas de vegetales al grill, completando la que ya llevan. La zanahoria, una vez templada, la utilizarás para hacer el paté.

Cocción de azukis

Ingredientes

100 g o ½ T de azukis
Un trozo de alga kombu
1 hoja de laurel
350-400 ml de agua aprox.
Sal

Preparación

Deja los azukis en remojo entre 8 y 48 horas, cambiando el agua cada 8 para que no fermenten. Lávalos bajo el grifo.

1. Hierve agua en un cazo e incorpora el alga kombu si tienes.
2. Añade los azukis, tapa la olla y deja cocinando 75 minutos o hasta que estén tiernos. Antes de apagar el fuego, agrega media cucharadita de sal y deja cocinando un par de minutos más.
3. Retira del fuego, escurre y deja enfriar. Conserva en un tupper en la nevera.

¿Sabías que...?

Los azukis son una proteína completa y una excelente opción para regular el azúcar en sangre. Además, gracias a su gran contenido en ácido fólico y potasio, reducen el riesgo de enfermedad cardiovascular y promueven la salud del hígado. Cuando se preparan correctamente, contribuyen a disminuir la permeabilidad intestinal, uno de los principales problemas de salud en estos días.

ⓘ El alga kombu se añade a la cocción de las legumbres porque aumenta su digestibilidad, además de ayudar a reblandecer su piel gracias al ácido glutámico que contiene e incrementar su contenido en minerales. Añadir un poquito de laurel también ayuda a su digestión.

Pastel de remolacha y azukis con bechamel de apionabo

Página 52

Cocción de avena en grano

Ingredientes

150 g o 1 T de avena

Agua

Sal

Preparación

Deja la avena en remojo unas 8 horas para facilitar su digestión y lávala bajo el grifo.

1. Hierve agua en un cazo y añade la sal y la avena. Deja cocinando a fuego medio hasta que esté hecha: estará lista en unos 15 minutos.
2. Una vez lista, escúrrela bien, deja que se enfríe y guárdala en un tarro en la nevera.

Paté de zanahoria al grill

Ingredientes

Todas las zanahorias horneadas

2 C de zumo de limón

3 C de tahini

1 c de cúrcuma

Unas cuantas hojas de tomillo o cilantro fresco

Un poco de ralladura de limón

½ c o un poco más de sal

Un poco de pimienta negra recién molida

½ T de agua

Preparación

1. Retira los tallos de las zanahorias.
2. Pon todos los ingredientes, a excepción del tomillo o el cilantro, en una batidora y tritura hasta obtener un paté. Prueba y ajusta de sal y tahini. La consistencia tiene que ser pastosa para que se pueda untar; en caso de que le falte humedad, añade más agua.
3. Mezcla a mano las hojas de tomillo (si utilizas cilantro, pícalo chiquitito).
4. Guárdalo en un tupper en la nevera hasta su uso.

Gomasio de sésamo blanco y negro

Ingredientes

2 C de sésamo blanco

2 C de sésamo negro

Un poco de sal

Preparación

1. Tuesta ligeramente las semillas en una sartén caliente.
2. Ponlas en un mortero, añade una pizca de sal y machácalas ligeramente. Guárdalo en un tarro en la despensa.

Miércoles

Pollo marinado al curry

Ingredientes

400 g de pechuga de pollo
1 lima (el zumo y su ralladura)
3 C de aceite de oliva
2 c de curry
1 diente de ajo pelado y picado
Un trocito de jengibre fresco pelado y picado
¼ c de miel cruda
½ c de sal
Pimienta negra recién molida

Preparación

1. Filetea el pollo del tamaño de un bocado y reserva.
2. Pon en un bol todos los ingredientes del macerado y mézclalos bien.
3. Añade el pollo y mezcla todo bien. Guárdalo en un tarro en la parte más fría de la nevera.

Aliño de mostaza y tomillo

Ingredientes

¼ T de aceite de oliva
1 C de vinagre de manzana s/f
2 c de mostaza
1 c de tamari
1 c de hojas de tomillo
½ c de miel cruda
Una pizca de sal

Preparación

1. Mezcla bien con una cuchara todos los ingredientes en un tarro. Consérvalo en la nevera.

Crema de guisantes y espinacas

Página 64

Lunes

Pastel de remolacha y azukis con bechamel de apionabo

2 raciones
90 minutos
+ carbohidratos + proteínas - grasas

Esta receta la encontrarás también el miércoles.

Ingredientes para la bechamel

- 1 apionabo de 1 kg aprox.
- 1 cebolla
- ½ c de nuez moscada
- 3 C de aceite de oliva
- 2 C de levadura nutricional
- 500 ml de agua aprox.
- Un poco de pimienta negra recién molida
- 1 ½ c de sal

Ingredientes para la base

- 250 g de remolacha
- 150 g de zanahoria
- 1 puerro
- ½ cebolla morada
- 20 hojas de salvia aprox.
- 1 T de azukis cocinados (pág. 48)
- 3 C de gomasio (pág. 49)
- ⅓ T o 80 ml de aceite de oliva
- 2 c de sal

Preparación

1. Empezamos por la bechamel. Pela la cebolla y trocéala.
2. Calienta una cazuela con unas 3 cucharadas de aceite y añade la cebolla y un poco de sal. Remueve unos 5 minutos mientras se cocina para que no se pegue ni se queme.
3. Pela el apionabo y trocéalo en cubos. Échalo en la cazuela una vez que la cebolla esté tierna. Añade la nuez moscada y más sal, y remueve bien. Espera un minuto o dos e incorpora el agua: debe cubrir los vegetales. Tapa la olla y cocina unos 20 minutos o hasta que esté tierno. Reserva para que se vaya enfriando.
4. Pica finamente la cebolla pelada y el puerro.
5. Calienta unas 3 cucharadas de aceite de oliva en una sartén y saltea la cebolla, el puerro y la salvia con un poco de sal unos minutos.
6. Ralla de forma gruesa la remolacha y la zanahoria e incorpóralas a la sartén junto con los azukis. Cocina unos 20-30 minutos a fuego suave para que se hagan bien. Quizá desees añadir 2-3 cucharadas de aceite durante la cocción. Ve removiendo. Al final de la cocción, añade el gomasio y mezcla bien. Prueba y ajusta de sal si es necesario.
7. Pon en la batidora el preparado de apionabo con muy poquito caldo (una taza como mucho) y añade la levadura nutricional y la pimienta negra recién molida. Tritura hasta obtener un puré. Prueba y ajusta de sal a tu gusto. Reserva.
8. Calienta el horno a 220 °C.
9. En un recipiente apto para horno y engrasado con un poco de aceite, pon la base de remolacha y azukis. Prénsala con ayuda de una cuchara. Cubre con la bechamel de apionabo y hornea unos 15-20 minutos.
10. Los últimos minutos puedes subir la bandeja del horno para dorar ligeramente al grill.
11. Deja enfriar en el horno.

ⓘ La bechamel es la misma que la de la musaka de invierno, así que, si no encuentras apionabo, cámbialo por coliflor. Puedes sustituir la salvia por tomillo.

Martes

Ensalada de avena y radicchio con aliño de tahini

1 ración | 15 minutos | + carbohidratos + proteínas - grasas

Ingredientes

- La mitad de la avena cocinada (pág. 49)
- Unas hojas de radicchio
- Un puñado de espinacas baby
- Unas hojas de lechuga
- 1 rábano
- 4 espárragos trigueros
- Un poco de cebolla morada horneada (pág. 48)
- 1-2 huevos
- Un puñadito de nueces pacanas
- Unas hojas de cilantro
- Un poco de sal
- Un poco de aceite de oliva

Ingredientes para el aliño de tahini

- 1 C de vinagre de manzana s/f
- 2 C de tahini
- 3 C de aceite de oliva
- Un poquito de miel
- Un poco de sal
- Un poco de pimienta negra recién molida

Preparación

1. Pon una cazuela con agua al fuego y, cuando rompa a hervir, añade el huevo y cocina 6 minutos y medio. Luego, pásalo por agua muy fría y deja en la misma cazuela con agua fría unos 5 minutos para poder retirarle la cáscara fácilmente.
2. Parte los espárragos por la mitad longitudinalmente.
3. Calienta un poco de aceite de oliva en una sartén y saltea los espárragos con un poquito de sal un minuto para que se cocinen al dente. Reserva.
4. Haz el aliño mezclando todos los ingredientes en un vaso y batiendo bien con una cuchara. Prueba y ajusta según consideres.
5. Mezcla la avena con el radicchio laminado y el cilantro. Añade un poco de sal y aceite de oliva. Mezcla y reserva.
6. Para servir, pon un fondo de espinacas y lechuga en tu plato. Añade la avena, los espárragos, la cebolla horneada, el huevo partido por la mitad, el rábano picadito, las nueces, un poco más de cilantro y el aliño.

Miércoles

Pastel de remolacha y azukis con bechamel de apionabo

2 raciones | 10 minutos | + carbohidratos - proteínas - grasas

Calienta en el horno el resto que te ha quedado del lunes (pág. 52).

Estoy segura de que hoy comprobarás cuánto merece tener este tipo de platos, listos para comer, en la nevera. Es día para relajarte y disfrutar del trabajo que ya hiciste el domingo. Además, te darás cuenta de que hoy incluso está más rico.

Jueves

Radicchio, pollo al curry y paté de zanahorias

1 ración · 15 minutos · + proteínas - carbohidratos - grasas

Ingredientes

4 hojas de radicchio

4 hojas de lechuga

2 zanahorias

Unas hojas de menta

Un poco de perejil

Unos granos de pimienta roja

Un poco del paté de zanahoria (pág. 49)

La mitad del pollo marinado (pág. 50)

La mitad del aliño de mostaza (pág. 50)

Preparación

1. Ralla la zanahoria y filetea la lechuga y el radicchio. Pica la menta y el perejil. Mezcla todo junto en un bol junto con el aliño. Reserva.
2. Calienta un poco de aceite de oliva en una sartén y cocina el pollo marinado hasta que se dore.
3. Para servir, pon un fondo con la ensalada y añade el pollo encima. Acompaña con el paté de zanahoria. Termina con un poco de pimienta roja.

ⓘ Si no encuentras radicchio y quieres que tu plato sea colorido, combina hojas de lechuga con hojas de endivia roja.

— Viernes

Ensalada de avena con huevo y hojas variadas

1 ración | 15 minutos | + proteína + carbohidratos - grasas

Ingredientes

La mitad de la avena cocinada (pág. 49)

Unas hojas de espinaca

Unas hojas de apio

Una rama de apio

Un poco de radicchio

1-2 huevos

2-3 C de aceite de oliva

1 C de gomasio (pág. 49)

Un poco de perejil

Ingredientes para el aliño de tahini

1 C de vinagre de manzana s/f

2 C de tahini

3 C de aceite de oliva

Una pizca de miel cruda

Un poco de sal

Un poco de pimienta negra recién molida

Preparación

1. Pon una cazuela con agua al fuego y, cuando rompa a hervir, añade el huevo y cocina 6 minutos y medio. Luego, pásalo por agua muy fría y deja en la misma cazuela también con agua fría unos 5 minutos para poder retirarle la cáscara fácilmente.
2. Filetea la rama de apio y el radicchio.
3. Prepara el aliño mezclando bien todos los ingredientes en un vasito.
4. Pon un fondo de espinacas y hojas de apio en tu plato. Agrega la avena y el resto de los ingredientes de la ensalada. Termina con un poco de gomasio, perejil picado y acompaña con el aliño.

Sábado

Tallarines de remolacha con menta y cilantro

1 ración | 20 minutos | + carbohidratos - grasas - proteínas

Ingredientes

1 remolacha grande (unos 200 g)

¼ de cebolla morada

1 diente de ajo

Un puñadito de menta

Un puñadito de cilantro

Unas hojas de espinaca baby

Un puñadito de nueces pacanas

Aceite de oliva

Sal

Preparación

1. Pela la remolacha y espiralízala con un instrumento apropiado. Córtala en algunos trozos para no tener tallarines kilométricos.
2. Pela la cebolla y el ajo. Pica bien chiquitita la cebolla y lamina el ajo.
3. Pon 2 cucharadas de aceite de oliva a calentar en una sartén. Añade el ajo, la cebolla y un poco de sal. Saltea hasta que el ajo empiece a dorarse muy ligeramente.
4. Agrega la remolacha con un poco más de sal y saltéala varios minutos hasta que se cocine. Puedes incorporar un poco más de aceite de oliva.
5. Retira del fuego, añade la menta y el cilantro picados, acompaña con unas hojas de espinaca y unas nueces pacanas.

Para completar la comida con proteína, puedes añadirle huevo, o servirlo como primer plato y de segundo, un pescado o carne.

Domingo

Crepe bretona con pollo al curry y espárragos trigueros

1 ración — 15 minutos — + proteínas + carbohidratos - grasas

Ingredientes

¼ T o 40 g de harina de trigo sarraceno

⅓ T o 80 ml de agua

La mitad del pollo marinado al curry (pág. 50)

Aliño de mostaza (pág. 50)

Paté de zanahoria (pág. 49)

Unas hojas de radicchio y de lechuga

1 rábano

4 espárragos

Perejil y pimienta roja

Un poco de gomasio (pág. 49)

Preparación

1. Filetea la lechuga y el radicchio. Reserva.
2. En un bol, bate bien la harina con el agua.
3. Calienta un poco de aceite de oliva en una sartén mediana. Cuando se haya calentado, vierte la masa rápidamente y gira la sartén en círculo para que se extienda bien por toda la superficie. Deja un par de minutos al fuego y, cuando veas que se puede despegar con facilidad, dale la vuelta y mantenla un minuto más. Reserva.
4. Filetea a rodajitas los espárragos y saltéalos un minuto en la misma sartén, añadiendo un poco más de aceite y sal. Reserva.
5. En la misma sartén, agrega más aceite y cocina el pollo. Reserva.
6. Pon la crepe en un plato y unta la mitad con el paté de zanahoria. Añade la mezcla de hojas, el pollo y el rábano fileteado. Tapa la crepe y añade por encima los espárragos y gomasio. Termina con unas hojas de perejil picadas y un poco de pimienta roja. Sirve junto al aliño.

(i) La idea de esta crepe es que la rellenes con lo que te quede en la nevera. Siempre que sea algo fresco, algo calentito y un aliño o huevo, te quedará rico.

Vegetales al grill con tahini

1 ración

40 minutos

+ carbohidratos + grasas - proteínas

Algo tan sencillo como unos vegetales al grill pueden convertirse en la cena más deliciosa del mundo. Una salsa de tahini rápida los acompaña a la perfección.

Por supuesto, puedes usar otros vegetales de temporada, como espárragos, boniatos o los que te plazcan.

Ingredientes

2 zanahorias

1 chirivía

¼ de col lombarda

½ cebolla morada

Aceite de oliva

Sal

Ingredientes para la salsa

2 C de tahini

4 C de agua

Un poco de pimentón ahumado

Preparación

1. Calienta el horno a 220 °C.
2. Lava las chirivías y las zanahorias frotándolas con un cepillo y córtalas por la mitad longitudinalmente.
3. Pela la cebolla y trocéala.
4. Parte la col en dos.
5. Pon todos los vegetales en una bandeja de horno protegida con papel de hornear, añade sal y riega con aceite.
6. Introduce en la parte media del horno y deja unos 30 minutos o hasta que los vegetales estén ligeramente dorados y bien tiernos.
7. Mezcla 2 cucharadas de tahini con unas 4 cucharadas de agua para rebajarlo y hacer una salsa ligera. Tiene que quedar una textura sedosa; si no es así, añade agua mezclando muy bien hasta que suceda. Puedes decorar con pimentón ahumado.
8. Sirve los vegetales acompañados de la salsa.

Revuelto de calabacín con tirabeques y rabanitos

- 1 ración
- 15 minutos
- \+ proteínas + carbohidratos - grasas

Esta es una cena rápida muy socorrida cuando tengo hambre y el cuerpo me pide algo más que verduras por la noche, pero no tengo ganas de cocinar. Me gusta mucho porque es especialmente rápida de hacer y muy saciante. Puedes omitir o cambiar los vegetales por otros según la temporada. Haz caso de tu imaginación y no fallarás.

Ingredientes

2 huevos

1 calabacín pequeño

100 g de tirabeques

1 rábano

2 C de almendra laminada

½ c de cúrcuma

Un pellizco de semillas de comino

Un poco de aceite de oliva

Un poco de sal

Un poco de sal negra

Un poco de pimienta negra

Preparación

1. Calienta agua en una olla pequeña. Cuando rompa a hervir, añade los tirabeques. Cuando rompa a hervir de nuevo, déjalos 3 minutos, cuela y reserva.
2. Bate los huevos junto con la cúrcuma y un poco de sal.
3. Calienta una sartén y dora ligeramente las almendras. Reserva.
4. Con la ayuda de una mandolina, filetea el calabacín finamente.
5. Calienta un poco de aceite de oliva en una sartén y saltea el calabacín, junto con el comino, hasta que esté ligeramente hecho. Incorpora el huevo y remueve hasta que quede a tu gusto. Retira del fuego y pon en un plato.
6. Mezcla los tirabeques en un bol con el rábano picado, las almendras y un poco de aceite y sal.
7. Añade encima del revuelto y termina con un poco de pimienta negra y sal negra.

Crema de guisantes y espinacas

3-4 raciones

40 minutos aprox.

+ carbohidratos + proteínas - grasas

Disfruto mucho esta crema de guisantes en las noches de primavera, cuando, tras un día de pleno sol, al llegar la noche aún refresca. Es aromática, nutritiva y ligera.

Ingredientes

750 ml o 3 T de agua aprox.

1 cebolla grande

2 ½ T o 300 g de guisantes frescos o congelados

Un buen puñado de espinacas

1 limón (la piel)

½ c de semillas de cilantro

¼ c de laurel en polvo

Un puñado de cilantro fresco, con los tallos

1 C de zumo de limón

2 C de aceite de oliva

½ c de sal

Extras

1 rábano

Un poco de sal negra

Unos brotes

Preparación

1. Pela la cebolla y trocéala.
2. Calienta el aceite en una olla grande y saltea la cebolla con la sal hasta que esté tierna, las semillas de cilantro ligeramente machacadas en el mortero, el laurel y la piel de limón.
3. Incorpora los guisantes, el cilantro y el agua, tapa la olla y cuece a fuego suave unos 10 minutos.
4. Agrega las espinacas y deja un par de minutos más.
5. Apaga el fuego y retira una parte de la piel de limón (la mitad más o menos). Deja que se temple.
6. Pon en la batidora con unas tres cuartas partes del caldo de cocción. Añade el zumo de limón. Tritura. Prueba y ajusta de sal y de líquido.
7. Decora con los extras o a tu gusto en el momento de servir.

La crema aguanta hasta 5 días en la nevera. Calienta antes de servir, añadiendo algo más de agua o caldo si ha espesado para aligerarla.

Tostadas en dos versiones

1 ración

20 minutos

+ proteínas + grasas + carbohidratos

Te dejo estas dos ideas de tostadas, que desde mi punto de vista son un desayuno ideal. Son muy completas nutricionalmente, pues ambas son una buenísima fuente de proteínas. Son muy antinflamatorias y sacian muchísimo. Preparar un desayuno completo y delicioso es tan simple como esto.

Ingredientes para la tostada de huevo frito

1-2 rebanadas de pan de masa madre

1-2 huevos

Un poco de ghee o aceite de oliva

Chili o pimentón

Ingredientes para la tostada de sardinas

1-2 rebanadas de pan de masa madre

2-4 sardinas

Unos brotes

Un poco de ghee o aceite de oliva

Preparación

1. Tuesta las rebanadas de pan.
2. Si vas a preparar la tostada de huevo, calienta un poco de ghee o aceite de oliva en la sartén y haz el huevo. Ponlo sobre la tostada y añade las especias.
3. Si vas a preparar la de sardinas, una vez tostado el pan, extiende un poco de ghee y añade las sardinas y los brotes por encima.

Bol de chía y cáñamo con agua de rosas

1 ración

20 minutos

+ proteínas + grasas - carbohidratos

Este bol es un abrazo al corazón, delicado y ligero. El agua de rosas lo convierte en un desayuno muy femenino, que nos lleva al encuentro de la belleza con dulzura y con amor. La idea la tomé prestada de mi amiga Tara, pues siempre lo trae a nuestro encuentro diario para desayunar antes del baño a primera hora de la mañana. Hace un poquito de más porque lo comparte con mi perrita, Lana, mientras yo me río y me derrito de amor.

Ingredientes

1 T o 250 ml de leche vegetal s/a

2 C o 20 g de semillas de cáñamo peladas

2 C o 20 g de semillas de chía

2 c de agua de rosas

Extras

2-3 C de granola de invierno (pág. 198)

4-5 pétalos de rosas secas (opcional)

Preparación

1. En un bol, pon los copos de avena, las semillas de chía y de cáñamo, la leche y el agua de rosas, y mezcla bien. Deja que repose como mínimo 15-20 minutos para que la chía engorde y la avena se remoje.
2. Añade la granola y los pétalos de rosa por encima.

¿Sabías que...?

Gracias a la combinación de semillas de chía con semillas de cáñamo, este es un desayuno muy rico en proteína y también en ácidos grasos omega 3.

Puedes preparar la base de chía la noche anterior. Guárdala en un tarro en la nevera y por la mañana añádele los extras. Si no tienes granola o no quieres echarle, sustitúyela por unas frutas de temporada y unos frutos secos.

Tortillas de almendra con salmón y aguacate

3 raciones

30 minutos

\+ proteínas + grasas - carbohidratos

Este desayuno, además de ser delicioso, es una maravilla nutricional para empezar el día. Rico en grasas saludables, omega 3 y proteínas, muy ligero en carbohidratos y muy saciante. Si no tomas salmón o quieres variar, sustitúyelo por unos tomates secos y un poco de queso de cabra fresco o ricota de almendras (pág. 168).

Ingredientes para las tortillas

¼ T o 25 g de harina de almendra

⅓ T o 70 g de yogur de coco o almendra

1 huevo

½ c de cúrcuma

Una pizca de sal

Ingredientes para el relleno

1 aguacate

Salmón ahumado

Un poco de cilantro

¼ de lima

Unas pocas almendras

Unas semillas de comino negro o sésamo negro

Un poco de chili o pimentón

Aceite de oliva

Sal

Preparación

1. Con la ayuda de unas varillas, mezcla todos los ingredientes de las tortillas en un bol.
2. Calienta bien una sartén antiadherente con un poco de aceite de oliva. Añade parte de la masa y extiende. Deja que se cocine bien, unos 2 minutos. Con la ayuda de una espátula o similar, despega con cuidado y dale la vuelta cuando veas que puedes (también puedes voltear en un plato). Deja que dore por el otro lado 1 minuto más. Reserva y haz las siguientes.
3. Parte las almendras por la mitad y dora un poco en la sartén. Reserva.
4. Trocea el aguacate y ponlo en un bol junto al salmón, zumo de lima, cilantro, una pizca de sal y aceite de oliva, y mezcla bien.
5. Sirve encima de las tortillas. Termina con las almendras, unas semillas negras (para decorar), un poco de chili o pimentón al gusto y aceite de oliva.

Cuanto más denso y más grasa tenga el yogur, mejor quedarán las tortillas. En caso de no encontrar, utiliza otro tipo de crema. Ajusta la cantidad para obtener una consistencia no muy líquida, pero que se deje extender.

VERANO

El sol brilla en su punto más alto, la energía es fuerte y expansiva. Las solanáceas son las reinas de la temporada en los huertos: berenjenas, tomates, pimientos, patatas. Abundan también las frutas y verduras de agua: melones, sandías, melocotones, pepinos, nectarinas, lechugas. Es probable que tu cuerpo pida líquido y alimento más frugal: atiéndelo. Y, sobre todo, disfruta de este momento del año, una maravillosa explosión de vida, alegría y color.

	Desayuno	Comida	Cena
Lunes	Matcha smoothie bowl	Rollitos de calabacín horneados con carne picada y tomates cherry	Gazpacho de sandía y albahaca
Martes	Huevos a la sartén con tomate y romero	Ensalada de avena con aliño de miso y limón	Gazpacho de sandía y albahaca
Miércoles	Matcha smoothie bowl	Rollitos de calabacín horneados con carne picada y tomates cherry	Crema de remolacha y zanahoria al grill
Jueves	Sardinas con aguacate y tomate	Tallarines de calabacín con pesto y patatas baby al grill	Ceviche de pepino y aguacate
Viernes	Huevos a la sartén con tomate y romero	Ensalada de lentejas Du Puy	Crema de remolacha y zanahoria al grill
Sábado	Matcha smoothie bowl	Dentón horneado con brotes y patatas baby al grill	Crema de remolacha y zanahoria al grill
Domingo	Sardinas con aguacate y tomate	Crepe bretona con pesto, lentejas y tomates cherry	Ceviche de pepino y aguacate

Domingo

Berenjena laminada

Cocción de avena en grano

Rollitos de calabacín con carne picada y tomates cherry

Marinado de remolacha

Tostado de almendras

Aliño de miso, tomillo y limón

Miércoles

Crema de remolacha y zanahoria al grill

Horneado de pimientos y berenjena

Cocción de lentejas Du Puy

Pesto de albahaca y hojas de zanahoria

Patata baby al grill

Batch cooking para 1 semana - Cantidades para 1 persona

Vegetales frescos

Para cocinar el domingo

- 1 berenjena larga (no muy gruesa)
- 1 remolacha grande
- 3 limones
- 2 calabacines medianos
- 1 cebolla pequeña
- 1 pimiento verde mediano
- 1 pimiento rojo mediano
- 1 pepino pequeño
- 700 g de tomates cherry variados
- 750 g de tomates maduros
- 600 g de sandía
- 1 cabeza de ajo
- 1 manojo de rúcula fresca
- 1 manojo de tomillo fresco
- 1 manojo de romero fresco
- 1 manojo de albahaca fresca
- 300 g de carne picada de ternera ecológica*

Para cocinar el miércoles y el resto de la semana

- 3 pimientos rojos
- 1 berenjena
- 2 remolachas medianas
- 1 cebolla mediana
- 1 ramo de zanahorias frescas
- 1 calabacín mediano
- 2 pepinos pequeños
- 2 aguacates
- 3 limas
- 2 limones
- 300 g de patatas baby
- 275 g de tomates cherry variados
- 1 pieza de pescado fresco de tu zona*
- Unos brotes o germinados
- 1 manojo de cilantro fresco

Despensa y nevera

- 40 g de queso parmesano ecológico
- 50 g de tomates cherry secos en aceite de oliva
- 180 g de avena en grano
- 100 g de lentejas Du Puy
- 100 g de almendras laminadas
- 50 g de nueces
- 75 g de sésamo blanco
- 75 g de sésamo negro
- 40 g de semillas de calabaza
- 100 ml de nata de almendra
- 50 g de miso blanco (shiro miso)
- 40 g de harina de trigo sarraceno
- 250 ml de yogur de coco o almendra
- Un poco de levadura nutricional
- Un trozo de alga kombu
- Un poco de miel cruda
- Un poco de azúcar de panela o coco
- Un poco de vinagre de manzana s/f
- 2 huevos
- Sal negra
- Sal natural
- Aceite de oliva virgen

Desayunos

6-8 huevos ecológicos

8 tomates medianos maduros aprox.

2 aguacates medianos

Pan de masa madre (opcional)

1 L de leche vegetal de coco o almendra s/a

50 g de semillas chía

Un poco de matcha en polvo

Unas semillas de cáñamo (opcional)

6 plátanos maduros pequeños*

Granola de verano (pág. 196)*

2 latas de sardinas en aceite de oliva virgen

Unas almendras (opcional)

Especias

Pimentón ahumado

Pimentón dulce

Laurel en polvo

Pimienta blanca molida

Pimienta roja

2 hojas de laurel

Semillas de comino

Nuez moscada

3 ramas de canela

Chili (opcional)

ⓘ **Anotaciones**

* Si no comes carne, los ingredientes de la versión sin carne de la pág. 85 que necesitarás son:

  8 champiñones grandes salvajes
  100 g de nueces
  Un poco de tamari
  Un poco de ajo seco molido
  Un poco de cebolla seca molida

* Si puedes, compra el pescado el sábado: así estará muy fresco.

* Congela los plátanos sin la piel dentro de una bolsa o tupper.

* Puedes sustituir la granola de verano por un poco de fruta, nibs de cacao o frutos secos.

Domingo

Berenjena laminada

Ingredientes

1 berenjena larga (no muy gruesa)

3 C de aceite de oliva

Un poco de sal

Preparación

Puedes hacer esta receta de dos formas diferentes, a la sartén o al horno; te muestro las dos para que escojas.

En la sartén

1. Calienta bien una sartén grande.
2. Filetea la berenjena en rodajas de unos 3 mm.
3. Añade un poco de aceite en la sartén y dispón de las rodajas que entren. Sala ligeramente.
4. Deja que se cocinen a fuego suave y, cuando empiecen a dorarse, dales la vuelta, añade un poquito más de aceite y deja que se doren ligeramente por ese lado. Reserva en un plato y continúa de la misma manera hasta terminar.

En el horno

1. Precalienta el horno a 220 °C.
2. Filetea la berenjena en rodajas de unos 3 mm y ponlas en un bol con el aceite y la sal. Mezcla bien con los dedos para que se impregnen del aceite.
3. Extiende en una bandeja de horno protegida con papel antiadherente.
4. Pon el grill y hornea 5 minutos. Dales la vuelta y hornea unos 3-4 minutos o hasta que estén ligeramente doradas.

En ambos casos, una vez frías, conserva en un tarro en la nevera.

Cocción de avena en grano

Ingredientes

1 T o 180 g de avena en grano

500 ml de agua

1 c de sal

Preparación

Deja la avena en remojo 8 horas, escurre y enjuaga bajo el grifo.

1. Hierve el agua, añade la sal y la avena, y deja que se cocine unos 15 minutos. Pasado este rato, prueba si está hecha y, cuando lo esté, escurre y lava ligeramente bajo el grifo. Cuando se enfríe, conserva en un tarro de cristal en la nevera.

Rollitos de calabacín con carne picada y tomates cherry

Página 82

Marinado de remolacha

Ingredientes

1 remolacha grande

1 limón (la piel)

4 ramitas de tomillo fresco

3 C de aceite de oliva

2 c de zumo de limón

¼ c de sal

Preparación

1. Pela la remolacha, cuartéala y filetéala muy finamente con la ayuda de una mandolina. Pon en un bol junto con los demás ingredientes y masajea ligeramente con los dedos.
2. Guarda en un tarro de cristal con el jugo, tratando de que cubra bien la remolacha: esto ayudará a que se conserve mejor.
3. Tenlo en la nevera hasta una semana.

Tostado de almendras

Ingredientes

1 T o 100 g de almendras laminadas

Preparación

1. Calienta una sartén y dora ligeramente las almendras, removiendo de vez en cuando. Deja enfriar y guarda en un tarro en la despensa.

Aliño de miso, tomillo y limón

Ingredientes

½ T o 125 ml de aceite de oliva

3 C de zumo de limón

2 C de miso blanco (shiro miso)

1-2 c de miel

½ c de sal

4 ramitas de tomillo fresco

Preparación

1. Deshoja las ramitas de tomillo.
2. Pon las hojas de tomillo en un tarro con los demás ingredientes. Tapa bien y sacude con las manos hasta que emulsione. Prueba y ajusta a tu gusto. Conserva en la nevera.

Miércoles

Crema de remolacha y zanahoria al grill

Página 92

Horneado de pimientos y berenjena

Ingredientes

3 pimientos rojos
1 berenjena
Aceite de oliva
Sal

Preparación

1. Precalienta el horno a 220 °C.
2. Dispón los pimientos y la berenjena encima de la bandeja del horno protegida con papel antiadherente.
3. Hornea a 200 °C durante una hora. Deja que se enfríen bien.
4. Retírales la piel, rabo y pepitas, y hazlos tiras.
5. Añade un poco de aceite de oliva y una pizca de sal.
6. Conserva en un tarro de cristal en la nevera durante 5 días.

Cocción de lentejas Du Puy

Ingredientes

½ T o 100 g de lentejas Du Puy

1 c de sal

2 hojas de laurel

Un trozo de alga kombu

Preparación

Deja las lentejas en remojo un mínimo de 24 horas y un máximo de 42. Cambia el agua cada 8 horas.

1. Una vez pasado el tiempo de remojo, lávalas bien bajo el grifo en un colador.
2. Hierve en una cazuela y añade el alga kombu y el laurel. Cuando rompa a hervir, agrega las lentejas. Espera a que vuelva a hervir, baja el fuego al mínimo y cocina 10 minutos. Añade la sal y cocina 2 minutos más. Deben quedar tiernas, en su punto.
3. Retira el laurel y el alga, y deja enfriar. Guarda en un tupper en la nevera.

Pesto de albahaca y hojas de zanahoria

Ingredientes

½ T o 50 g de nueces

½ T de hojas de zanahoria

½ T de hojas de albahaca

3 C de levadura nutricional

1 C de zumo de limón

¼ T o 60 ml de aceite de oliva

½ c de sal

Preparación

1. Del ramillete de zanahorias frescas de la receta de la crema de remolacha, utiliza solo las hojas tiernas. Selecciónalas y lávalas junto con las hojas de albahaca. Seca en un trapo.
2. Ponlas en un vaso de batidora pequeño con los demás ingredientes y tritura. Ajusta de aceite o sal si es necesario.
3. Conserva en un tarro de cristal en la nevera durante 3-4 días.

(i) Puedes sustituir la levadura nutricional por parmesano rallado, aunque te invito a probarlo así: te sorprenderá.

Patatas baby al grill

Ingredientes

300 g de patatas baby

¼ c de pimentón ahumado

½ c de laurel en polvo

⅓ c de pimienta blanca molida

1 ½ c de sal

3 C de aceite de oliva

Preparación

1. Precalienta el horno a 220 °C.
2. Lava las patatas, sécalas y córtalas a lo largo en rodajas de unos 3 mm.
3. Ponlas en un cazo, cúbrelas con agua y añade 1 cucharadita de sal.
4. Cuando rompa a hervir, déjalas 5 minutos. Tienen que quedar tiernas, al dente.
5. Escúrrelas y sécalas bien. Ponlas en un bol e incorpora las especias y la media cucharadita de sal restante. Mezcla bien y añade el aceite de oliva.
6. Protege una bandeja de horno con papel antiadherente y extiende bien las patatas sobre la bandeja.
7. Pon el horno en modo grill y coloca la bandeja casi arriba de todo del horno. Deja que se doren durante 14-15 minutos.

Lunes

Rollitos de calabacín horneados con carne picada y tomates cherry

2 raciones

90 minutos

\+ proteínas - carbohidratos - grasas

Te enseño una versión sin carne en la pág. 85. Acompaña esta receta con un poco de arroz un día que tengas invitados.

Ingredientes para los rollitos

- 1 calabacín mediano
- 300 g de carne picada ecológica
- 1 cebolla pequeña (100 g)
- Un trozo de pimiento verde (50 g)
- ¼ c de semillas de comino
- ¼ c de nuez moscada
- 30-40 g de queso parmesano
- ½ c de sal
- 700 g de tomates cherry variados
- 3 dientes de ajo
- 3 ramas de canela
- 1 limón (la piel)
- Un puñado de ramitas de tomillo fresco
- 1 c de azúcar de coco o panela
- ½ c de sal
- 3 C de aceite de oliva aprox.

Ingredientes para la salsa

- ½ T o 125 ml de yogur de coco
- Un poquito de sal
- Aceite de oliva
- Semillas de sésamo negro
- Unas hojas de albahaca
- Un poco de pimentón

Preparación

1. Precalienta el horno a 220 °C.
2. Pela la cebolla y pícala junto con el pimiento verde. Ralla el parmesano.
3. Calienta 3 cucharadas de aceite de oliva en una sartén y añade la cebolla, el pimiento, la ½ cucharadita de sal, el comino y la nuez moscada. Saltea ligeramente.
4. Agrega la carne picada y un poco más de sal. Saltea unos minutos más hasta que la carne esté ligeramente hecha. Reserva.
5. Con la ayuda de una mandolina, corta el calabacín a lo largo en láminas finas (unos 2 mm), de forma que se puedan enrollar sin romperse. Necesitarás unas 12-14 láminas.
6. Coloca las láminas de calabacín sobre una superficie de trabajo. Pon un poco de parmesano a lo largo de cada lámina, un poco de carne picada, un poco más de parmesano, y enrolla.
7. Prepara un recipiente horneable, con la base engrasada con un poco de aceite de oliva.
8. Coloca tumbados los rollitos que vas haciendo. Repite hasta terminar con los calabacines y la carne. Deben acomodarse bien en el recipiente. Termina con un poco más de parmesano por encima.
9. Mezcla en un bol los tomates cherry, los dientes de ajo pelados y laminados, la canela partida, la piel de limón, las ramitas de tomillo, el azúcar, la sal y el aceite de oliva. Coloca encima de los rollitos.
10. Baja la temperatura a 200 °C y hornea 30 minutos a media altura. Sube la bandeja, enciende el grill y dora muy ligeramente un par de minutos.
11. Para la salsa, mezcla el yogur con un poco de sal y decórala con el resto de los ingredientes.

ⓘ Utiliza un calabacín grande. Al hacer las láminas, seguro que te sobran algunas partes; no las tires: puedes añadirlas a los huevos de la mañana o a una tortilla, por ejemplo.

Martes

Ensalada de avena con aliño de miso y limón

1 ración | 10 minutos | + carbohidratos - grasas - proteínas

Ingredientes

- ¾ T de la avena cocinada (pág. 49)
- 2 C de la remolacha marinada (pág. 79)
- La mitad de la berenjena laminada (pág. 78)
- 3 C de las almendras laminadas tostadas (pág. 79)
- ¼ de calabacín
- Unas pocas hojas de rúcula
- 3 C del aliño de miso, limón y tomillo (pág. 79)
- 1 c de zumo de limón
- 1 C de aceite de oliva
- Un poco de sal

Preparación

1. Parte en cuartos el calabacín y filetéalo finamente con la ayuda de una mandolina. Ponlo en un bol con el zumo de limón, la sal y el aceite. Masajea ligeramente con los dedos, vuelca sobre un colador y deja que repose unos 5 minutos.
2. En un bol, mezcla la avena con los demás ingredientes y, por último, añade el calabacín. Puedes decorar con alguna almendra más por encima.

(i) Añade atún o huevo si deseas más proteínas. Añade aguacate si deseas más grasas.

Miércoles

Rollitos de calabacín horneados con carne picada y tomates cherry

2 raciones — 90 minutos — + carbohidratos - grasas - proteínas

Calienta en el horno el resto que te ha quedado del lunes.
A continuación, te muestro una versión de la receta sin carne.

Ingredientes

- 8 champiñones grandes salvajes
- 1 T o 100 g de nueces
- ¼ de cebolla
- 2 C de tamari
- 2 c de ajo seco molido
- 2 c de cebolla seca molida
- ½ c de pimentón ahumado
- 3 C de aceite de oliva

Preparación

1. Pica bien los champiñones, las nueces y la cebolla pelada, idealmente en una picadora o procesador.
2. Calienta aceite de oliva en una sartén y añade la mezcla anterior junto con los demás ingredientes. Cocina a fuego medio-alto hasta que suelte todo el líquido y empiece a dorarse. Ajusta de tamari mientras se cocina.
3. Hará falta saltear unos 20-30 minutos hasta que pierda toda la humedad y se empiece a compactar.
4. Retira del fuego, deja que temple y utiliza en la receta del mismo modo que la carne picada.

Jueves

Tallarines de calabacín con pesto y patatas baby al grill

1 ración | 15 minutos | + carbohidratos - grasas - proteínas

Ingredientes

1 calabacín mediano

1 C de zumo de limón

1 C de pesto de albahaca y hojas de zanahoria (pág. 81)

La mitad de las patatas baby horneadas (pág. 81)

12 tomates cherry secos aprox.

Un puñadito de almendras tostadas (pág. 79)

Aceite de oliva

Sal

Preparación

1. Con ayuda de un espiralizador, haz tallarines de calabacín. Colócalos en un bol con un poquito de sal, un poco de aceite de oliva y el zumo de limón. Masajea bien con las manos para que suelten el agua y se reblandezcan. Coloca 5 minutos en un colador, sobre un bol, para que sigan drenando el agua.
2. Escúrrelos todo lo que puedas y mezcla en un bol con el pesto de albahaca y hojas de zanahoria. Añade las patatas baby, los tomates secos y las almendras.

Viernes

Ensalada de lentejas Du Puy

1 ración | 10 minutos | + carbohidratos + proteínas - grasas

Ingredientes

1 T de lentejas cocinadas (pág. 81)

El resto de la avena cocinada (pág. 49)

El resto de la berenjena laminada (pág. 78)

Unas tiras de pimiento asado (pág. 80)

2 C de almendras tostadas (pág. 79)

150 g de tomates cherry variados

La otra mitad del pimiento verde de la receta del martes (unos 40 g)

Unas hojas de rúcula

Unas hojas de albahaca

3 C del aliño de miso (pág. 79)

Sal

Preparación

1. Corta en dos los tomates cherry.
2. Pon todos los ingredientes en un bol y mézclalos bien. Añade sal al gusto.

Sábado

Dentón horneado con brotes y patatas baby al grill

1 ración | 30 minutos | + proteínas + carbohidratos - grasas

Ingredientes

- 1 dentón u otro pescado fresco de tu zona
- ½ lima
- Unas ramitas de tomillo fresco
- Un poco de aceite de oliva
- Sal
- El resto de las patatas baby al grill (pág. 81)
- 1 C del pesto de albahaca y hojas de zanahoria (pág. 81)
- 125 g de tomates cherry variados
- Unos brotes o unas hojas de rúcula
- Unos granos de pimienta roja

Preparación

1. Calienta el horno a 220 °C.
2. Pon el pescado (descamado) en una bandeja de horno, échale un poco de sal a ambos lados y hazle tres cortes para colocar unas rodajas de lima.
3. Introduce en la parte media del horno y hornea 13-14 minutos.
4. En un bol, mezcla las patatas baby con los tomates cherry cortados longitudinalmente. Añade un poco de sal y el pesto, y mezcla bien. Agrega un puñado de brotes o las hojas de rúcula.
5. Sirve el pescado con la ensalada. Añade unas hojas de tomillo fresco encima del pescado, unos granos de pimienta roja y un chorrito de aceite de oliva.

Domingo

Crepe bretona con pesto, lentejas y tomates cherry

1 ración | 15 minutos | + carbohidratos + proteínas - grasas

Ingredientes

¼ T o 40 g de harina de trigo sarraceno

⅓ T o 80 ml de agua

El resto de las lentejas Du Puy (pág. 81)

El resto del pesto de albahaca y hojas de zanahoria (pág. 81)

Un poco de la remolacha marinada (pág. 79)

Un poco de pimiento y berenjena horneados (pág. 80)

Unas pocas almendras tostadas (pág. 79)

Unos pocos tomates cherry secos

Unas pocas hojas de rúcula

2 huevos

Un poco de aceite de oliva

Un poco de sal

Preparación

1. Hierve los huevos en agua 6 minutos. Pasa bien por agua fría y reserva.
2. En un bol, bate bien la harina con el agua.
3. Calienta un poco de aceite de oliva en una sartén mediana. Cuando se haya calentado, vierte la masa rápidamente y gira la sartén en círculo para que se extienda bien por toda la superficie. Deja un par de minutos al fuego. Cuando veas que se puede despegar fácilmente, dale la vuelta y deja un minuto más. Reserva.
4. Pon un poco de pesto en la base de la crepe. Aparte, mezcla bien las lentejas, pimientos y berenjena, añade las hojas de rúcula y ponlo todo sobre la crepe.
5. Pela los huevos, trocéalos y ponlos encima. Añade los tomates cherry secos, la remolacha y las almendras picadas. Termina con un poco de aceite y sal.

Gazpacho de sandía y albahaca

3 raciones aprox.

15 minutos

+ carbohidratos - proteínas - grasas

Este no es un gazpacho cualquiera, este es un gazpacho medicina. Esto es gracias al vinagre de manzana sin filtrar, que, al ser un buen fermento, cuida la microbiota. Además, como no contiene gluten, tampoco provoca inflamación en la pared intestinal. En esta ocasión, te enseño a prepararlo con sandía, aunque puedes hacer tus propias versiones. El melocotón, las fresas, las cerezas y las frambuesas también le sientan de maravilla.

Ingredientes

750 g de tomates bien maduros

250 g de sandía (sin la cáscara)

1 pimiento rojo mediano

1 diente de ajo pequeño pelado

Un buen puñado de albahaca

⅓ T o 80 ml de aceite de oliva

2 C de vinagre de manzana s/f

½ c de sal

Sal negra

Pepino para decorar

Preparación

1. Trocea los vegetales (reserva un poco de pimiento para decorar). Tritúralos en la batidora junto con el vinagre, algo de aceite, sal y la albahaca (reserva unas hojas para decorar) mientras vas agregando el aceite restante hasta obtener un gazpacho sedoso.
2. Prueba y ajusta de sal si es necesario.
3. Decora con pimiento y pepino picados, hojas de albahaca, sal negra y aceite.

En la receta original, el gazpacho lleva pan. Al omitirlo, es necesario añadir un poco más de aceite. Si ves que el gazpacho se separa, incorpora más aceite mientras continúas batiendo.

Crema de remolacha y zanahoria al grill

3 raciones aprox.

50 minutos

\+ carbohidratos - proteínas - grasas

Como ya habrás observado, desde mi punto de vista, una parte fundamental en la cocina es hacer platos visualmente atractivos. En este sentido, la remolacha es sin duda una de mis verduras favoritas. Adoro su impresionante color. En esta crema, su particular sabor a tierra queda suavizado por la zanahoria y la cebolla. Por su parte, el romero y la ralladura de limón nos transportan a tierras mediterráneas.

Ingredientes

1 ramillete de zanahorias frescas

2 remolachas medianas

1 cebolla mediana

Unas ramas de romero fresco

1 limón (la ralladura)

3 T o 750 ml de agua

100 ml de nata vegetal de almendra

3 C de aceite de oliva

1 c de sal

Un poco de sal negra

Brotes para decorar

Preparación

1. Precalienta el horno a 220 °C.
2. Corta el rabito verde de las zanahorias (reserva las hojas para otra receta), pélalas con un pelador y pártelas por la mitad longitudinalmente.
3. Pela la cebolla y cuartéala.
4. Pela la remolacha y trocéala.
5. Pon todas las verduras en una bandeja de horno protegida con papel antiadherente. Añade la sal, las ramas de romero, la ralladura de limón y el aceite, y mezcla bien con las manos.
6. Pon en la parte media del horno y hornea unos 40 minutos o hasta que esté todo ligeramente dorado y tierno. Retira del horno y deja que temple un poco.
7. Reserva unas zanahorias de tamaño pequeño para decorar la crema.
8. Para la crema: tritura las verduras en la batidora (descartando el romero) junto con el agua y la nata. Ajusta de agua y sal a tu gusto. Consérvala en un tarro de cristal en la nevera.
9. Sírvela con unos brotes, unos piñones u otro fruto seco, un poco de sal negra, aceite de oliva y una de las zanahorias horneadas que has reservado.

Esta crema tiende a espesar con el tiempo, así que bátela de nuevo con un poco de agua o caldo. Puedes tomarla fría o calentarla ligeramente en una cazuela.

Ceviche de pepino y aguacate

1 ración
15-20 minutos
+ grasas - carbohidratos - proteínas

Este plato está inspirado en el ceviche que me acompañó durante mis dos estancias en el hotel Azul Nomeolvides en la laguna Bacalar (México), un lugar al que fui en una ocasión y amé tanto que repetí. Es un sitio perfecto para retirarse unos días del mundo, zambullirse en el lago y disfrutar de los sonidos de la naturaleza. El hotel tiene una carta muy sencilla, muy pequeña y muy rica. Tomaba este ceviche prácticamente cada día, por eso quise traérmelo conmigo, para transportarme allí siempre que quiera. Desde este momento, te invito a viajar conmigo.

Ingredientes

1 aguacate

Un puñadito de cilantro fresco

1 lima (el zumo o 3-4 C)

1 pepino pequeño

1 C de sésamo blanco

1 C de sésamo negro

¼ T o 40 g de semillas de calabaza

Un poco de chili (opcional)

Un poco de pimentón dulce

Un poco de sal

Un poco de aceite de oliva

Un poco de sal negra

Preparación

1. Calienta una sartén y tuesta ligeramente las semillas de calabaza hasta que desprendan su aroma.
2. En un bol, mézclalas con un poco de sal y aceite. Añade un poco de chili, si te gusta, y el pimentón dulce, y mezcla bien.
3. Pica chiquitito el cilantro y ponlo con el zumo de lima en un bol. Añade un poco de sal y mezcla bien.
4. Pela el pepino y, con la ayuda de un espiralizador de verduras, conviértelo en tallarines.
5. Añade el pepino al bol junto con el cilantro y el zumo de lima, y mezcla con la mano. Luego, pon los tallarines en un colador encima de un bol para que recoja el jugo, y resérvalo.
6. Parte el aguacate por la mitad, pélalo y retira el hueso.
7. Mezcla las semillas de sésamo en un plato o bol y, con cuidado, pasa el aguacate para que se adhieran por toda la parte exterior.
8. Sirve el aguacate en un plato y, dentro del hueco, agrega un poco del jugo que has reservado, pon los tallarines por encima, unas pocas semillas de calabaza especiadas, sal negra y un poco de aceite.

Puedes sustituir el cilantro por menta fresca u otra hierba aromática.
Si no te gusta el chili, sustitúyelo por pimentón dulce, picante o ahumado.
Guarda en un tarro las semillas de calabaza sobrantes para la otra cena de ceviche.

Matcha smoothie bowl

1 ración

10 minutos

+ carbohidratos + proteínas - grasas

Este desayuno es todo un clásico en mi repertorio de recetas. Es delicioso, un capricho y, a la vez, completamente natural. Es nutritivo, rico en fibra, minerales y antioxidantes.

Es ideal para días en los que apetece dulce. Eso sí, aunque se presta a ello, es mejor no abusar de él.

Ingredientes

200 ml de leche vegetal aprox.

3 C de semillas de chía

1 ½ plátano congelado (o dos pequeños)

½ c de matcha en polvo

Extras

Granola de verano (pág. 196)

Unas semillas de cáñamo

Preparación

1. Tritura bien todos los ingredientes con la batidora.
2. Sirve con dos cucharadas de granola y unas semillas de cáñamo.

¿Sabías que...?

Tanto las semillas de cáñamo como las de chía son proteínas completas: muy ricas en ácidos grasos y buena fuente de omega 3, a la vez que de fibra, así que son una excelente opción para aportar nutrientes.

(i) Si no tomas matcha, puedes preparar la misma base de plátano y añadir un poco de cacao en polvo o algarroba, especias de chai o incluso unas fresas.

Huevos a la sartén con tomate y romero

1-2 raciones

30 minutos

\+ proteínas + grasas - carbohidratos

Este desayuno me recuerda a los días de pausa con amigos en verano; aunque es perfecto para disfrutarlo en soledad, tomarlo en compañía es especial. Me maravilla que algo tan sencillo se convierta en un manjar. La clave es contar con unos tomates bien sabrosos, que, combinados con el romero, el ajo y el huevo, harán que el plato sea especialmente aromático, a la vez que sorprendentemente cremoso.

Ingredientes

2-3 huevos

3 tomates bien maduros

2 dientes de ajo

Unas ramitas de romero

Un poco de sal

3 C de aceite de oliva aprox.

Extras

Un poco de gomasio (pág. 49)

Unas tostadas de pan de masa madre (opcional)

Preparación

1. Pela los ajos y filetéalos junto con los tomates.
2. Calienta el aceite en una sartén. Añade el ajo y el romero troceado, y saltea un momento para que los ajos se doren ligeramente. Agrega las rodajas de tomate y un poco de sal, y deja cocinando unos 5-8 minutos mientras les das la vuelta de vez en cuando a los tomates.
3. Añade los huevos, un poco más de sal y tapa la sartén hasta que se cocine la clara.
4. Sirve los huevos con un poco de gomasio por encima y unos trocitos más de romero fresco. Acompaña con unas tostadas.

Acompaña con un poco de aguacate si deseas omitir el pan y que sea un desayuno bajo en carbohidratos.

Sardinas con aguacate y tomate

1 ración

10 minutos

+ proteínas + grasas - carbohidratos

Aunque este desayuno bien podría ser una comida, es una gran idea empezar así el día. Es rico en proteína y ácidos grasos omega 3, además de muy saciante, porque es alto en grasas saludables y en antioxidantes gracias al licopeno que contienen los tomates.

Ingredientes

1 aguacate mediano

1 tomate pequeño

1 lata de sardinas

Unos brotes

Un poco de sal

Unas almendras para acompañar (opcional)

Preparación

1. Trocea el tomate y el aguacate, y mézclalos con los brotes, un poco de aceite y sal.
2. Añade las sardinas y acompaña con las almendras.

OTOÑO

Los días se acortan, los árboles empiezan a perder las hojas y nosotros regresamos a nuestras rutinas. Se siente en el ambiente una energía que invita al recogimiento, a la pausa, a recalibrar nuestra vida y ordenarla.

No es casualidad que las reinas de la temporada sean las verduras de tierra y raíz: boniatos, zanahorias, chirivías, nabos y calabazas, que crecen pegadas al suelo. La naturaleza se prepara para reposar y nos invita a enraizar de nuevo. Y, como la naturaleza es sabia, también nos ofrece buenos antioxidantes, como aguacates, chirimoyas, granadas o uvas, que nos ayudarán a fortalecer nuestro sistema inmune para cuando llegue el frío.

Siente el cálido abrazo del otoño, regálate tiempo, atiéndete, reposa y respira.

Lunes	*Desayuno* Revuelto de huevos con zanahoria y cilantro	*Comida* Ensalada de berenjena, quinoa y tempeh	*Cena* Cazuela de verduras horneadas con miso y huevo
Martes	*Desayuno* Tortillas de almendra con sardinas y aguacate	*Comida* Quinoa salteada con kale, champiñones y setas shiitake	*Cena* Crema de coliflor
Miércoles	*Desayuno* Pudding de chía y manzana salteada con canela	*Comida* Cuscús con verduras horneadas, kale y tempeh	*Cena* Cazuela de verduras horneadas con miso y huevo
Jueves	*Desayuno* Tortillas de almendra con sardinas y aguacate	*Comida* Crepe bretona con champiñones, calabaza y huevo	*Cena* Crema de calabaza y manzana horneadas
Viernes	*Desayuno* Revuelto de huevos con zanahoria y cilantro	*Comida* Sopa de tomate y especias con garbanzos y arroz nerone	*Cena* Crema de coliflor
Sábado	*Desayuno* Pudding de chía y manzana salteada con canela	*Comida* Boquerones con chili y limón y ensalada de calabaza asada	*Cena* Crema de calabaza y manzana horneadas
Domingo	*Desayuno* Tortillas de almendra con sardinas y aguacate	*Comida* Sopa de tomate con chili y huevo	*Cena* Crema de coliflor

Domingo

Horneado de vegetales y miso blanco

Desgranado de la granada

Cocción de la quinoa

Cocción de los garbanzos

Horneado de berenjena con pimienta

Crema de coliflor

Salsa de nueces

Horneado de garbanzos con pimentón

Miércoles

Horneado de calabaza, manzana y cebolla

Crema de calabaza y manzana horneadas

Cocción de arroz nerone

Hummus de calabaza asada

Tostado de almendras

Batch cooking para 1 semana - Cantidades para 1 persona

Vegetales frescos

Para cocinar el domingo

500 g de tomates en rama frescos

1 berenjena grande

1 berenjena pequeña

75 g de champiñones (3 grandes)

50 g de setas shiitake (3 grandes)

1 cebolla morada mediana

1 cebolla blanca grande

1 ramillete pequeño de cebolletas

1 hoja grande de col kale (dinosaurio)*

1 boniato mediano

2 cabezas de ajo

1 coliflor pequeña

1 granada

Mézclum ecológico de hojas de temporada

Romero fresco

Un trozo de jengibre fresco

Perejil

Brotes o germinados*

Para cocinar el miércoles y el resto de la semana

250 g de boquerones (unos 15)*

1 calabaza violín de unos 2 kg

75 g de champiñones (3 grandes)

6 hojas de col kale (dinosaurio)

1 aguacate

2 cebollas

2 manzanas medianas

2 limones

1 pimiento chili fresco

1 brócoli pequeño

Apio fresco u otros vegetales de temporada como snack (opcional)

Despensa y nevera

½ docena de huevos ecológicos

Aceite de oliva virgen

Vinagre de manzana s/f

Vinagre de Módena

Sal natural

Sal negra

Miso blanco (miso dulce)

Tamari*

Un poco de miel cruda ecológica

Un poco de azúcar de coco o panela

120 g de garbanzos secos*

80 g de quinoa

60 g de cuscús de espelta

40 g de harina de trigo sarraceno

50 g de arroz nerone*

200 g de nueces peladas

100 g de almendras con piel

1 L de caldo vegetal ecológico*

Un trozo de alga kombu*

200 g de nata vegetal para cocinar (de avena, soja, almendra...)

Tahini

75 g de pasta de tomate concentrado (sin aditivos) aprox.

6 barritas de tempeh marinado en tamari*

1 pan de calidad, a ser posible de trigo sarraceno y masa madre

Desayunos

200 g de copos de avena finos s/g

100 g de semillas de chía

2 zanahorias

2 aguacates

1 limón

1 manzana roja (o la que desees)

1 endivia (roja o verde)

Un poquito de cilantro fresco

1 docena de huevos ecológicos*

2 latas de sardinas

1 brik de leche de avellana, coco o almendra s/a

Aceite de coco virgen (opcional)

75 g de harina de almendra

400 ml de yogur de coco o almendra*

50 g de semillas de sésamo blanco*

50 g de semillas de sésamo negro

Especias

Semillas de cilantro (en grano)

Cúrcuma en polvo

Pimienta en grano para moler

Pimienta roja

Hojas de laurel

Cardamomo molido

Nuez moscada

Comino molido

Semillas de comino

Pimentón ahumado

Ras el hanout

Chili en polvo

Canela en polvo

ⓘ **Anotaciones**

* La col kale, conocida como dinosaurio, es la que tiene las hojas planas, de forma ovalada, muy rugosas y verde oscuro (de ahí el nombre). Es mi favorita, sobre todo para las recetas en las que te la propongo. Por supuesto, si no encuentras este tipo de col, puedes comprar otro.

* Los brotes los utilizo para añadir vitalidad y nutrientes al plato, además de que aportan mucha belleza. Si no los encuentras, prueba con germinados: cumplen la misma función nutricionalmente.

* Los boquerones son para cocinar el sábado. Si puedes, cómpralos más adelante en la semana para que estén más frescos.

* El tamari es nutricionalmente más interesante que la salsa de soja, pues no contiene gluten y suele ser de mejor calidad. En caso de no encontrarlo, compra una salsa de soja ecológica, pues las de muchas marcas comerciales contienen azúcar y aditivos añadidos.

* Los garbanzos puedes comprarlos cocinados; en este caso, que sea un tarro de unos 700 g (o 450 g de peso escurrido), sin aditivos ni conservantes, ecológicos.

* Si no encuentras arroz nerone, sustitúyelo por arroz integral.

* El caldo vegetal puedes prepararlo fácilmente en casa con unos pocos vegetales que tengas o sus despojos. Unos vegetales, un poco de laurel, perejil y alga kombu siempre funcionan.

* El alga kombu es para la cocción de los garbanzos; si no encuentras, omítela.

* El tempeh marinado se suele encontrar en tiendas ecológicas. Si no lo tienen, puedes marinarlo en casa con salsa de tamari o soja. En la receta te cuento cómo.

* Revisa los huevos que vas a necesitar, según los desayunos que escojas, para ajustar bien.

* El yogur de coco o almendra tiene que ser denso y alto en grasa. Si no encuentras, compra un brick de nata de coco o almendra.

* Revisa si tienes unas pocas semillas de sésamo para hacer gomasio.

Domingo

Horneado de vegetales y miso blanco

Ingredientes

500 g de tomates en rama frescos aprox.

1 berenjena grande

1 cebolla morada mediana

1 boniato pequeño

1 cabeza de ajo

½ c de sal

Ingredientes para la salsa

4 C de aceite de oliva

3 C de miso blanco

1 c de semillas de cilantro (en grano)

½ c de cúrcuma en polvo

¼ c de granos de pimienta negra o blanca

1 c de miel

¼ c de sal

Preparación

1. Precalienta el horno a 220 °C.
2. En un bol grande, pon la berenjena troceada, los tomates partidos por la mitad, el boniato pelado y en rodajas, la cebolla pelada y la cabeza de ajo partida por la mitad. Añade un poco de sal y mezcla bien.
3. Si tienes batidora, tritura los ingredientes de la salsa hasta que quede una pasta, quizá con algún trozo de pimienta o semillas de cilantro. Si no tienes, machaca las especias en un mortero y luego mézclalas bien con los demás ingredientes en un vaso alto o bote hasta que emulsionen.
4. Añade la salsa al bol y mezcla bien con las manos para que todas las verduras queden impregnadas.
5. Protege una bandeja de horno con papel de hornear y coloca las verduras tratando de que no se amontonen.
6. Hornea a media altura unos 20 minutos. Pasado ese rato, sube la bandeja y pon el grill a máxima potencia (en caso de que el horno sea de aire, es necesario ajustar la temperatura). Deja unos 8-10 minutos más hasta que se doren. Deja que se enfríen y guárdalas en un tupper en la nevera.

ⓘ A diferencia del mugi miso, que se elabora con cebada y se fermenta de uno a tres años, el miso blanco es un miso con menos fermentación y hecho normalmente de arroz. Esto le da un carácter más dulce y suave. Podrás utilizarlo en cremas, sopas y salsas, por lo general añadiendo una cucharada para enriquecer tus platos.

Desgranado de la granada

Ingredientes

1 granada

Preparación

1. Parte la granada por la mitad.
2. Pon la granada en un bol grande, sujetándola con una mano y los granos mirando hacia el bol. Golpea la parte de la cáscara con un rodillo de cocina, cucharón o similar. Verás que los granos van cayendo fácilmente en el bol. Una vez que los tengas todos, retira las partes blancas que hayan caído y guarda los granos en un tarro de cristal bien sellado en la nevera.

Cocción de la quinoa

Ingredientes

½ T o 80 g de quinoa (en seco)

Agua

½ c de sal

Preparación

Deja la quinoa en remojo unas 4 horas.

1. Escurre y lava bajo el grifo la quinoa.
2. Hierve agua en un cacito y añade la quinoa y media cucharadita de sal. Cuece 8-10 minutos o hasta que esté tierna.
3. Retira del fuego y escurre. Deja que se enfríe y guarda en un tupper o tarro en la nevera.

ⓘ Si no puedes dejar la quinoa en remojo, asegúrate de lavarla muy bien bajo el grifo, pues contiene saponinas y otros antinutrientes que pueden causar irritación en el intestino.

Cocción de los garbanzos

Ingredientes

120 g de garbanzos secos aprox.

2 hojas de laurel

Un trozo de alga kombu

700 ml de agua aprox.

½ c de sal

Preparación

Deja los garbanzos en remojo de 24 a 48 horas cambiando el agua cada 12.

1. Escurre y lava bajo el grifo.
2. Hierve el agua y añade los garbanzos, las hojas de laurel partidas ligeramente por la mitad (para que desprendan su aroma) y el alga kombu. Tapa y deja cocinando el tiempo que necesiten hasta que estén tiernos. Variará entre 1 hora y media o 2 horas, según el tiempo de remojo y lo tiernos que sean.
3. Un minuto antes de retirar, añade media cucharadita de sal y mezcla bien.
4. Retira del fuego y escurre. Descarta el laurel y kombu. Reserva.

ⓘ También puedes comprar un bote de unos 450 g de garbanzos cocinados (peso escurrido). Es muy recomendable que sean ecológicos para evitar aditivos y conservantes.

Horneado de berenjena con pimienta

Ingredientes

1 berenjena pequeña

2 C de aceite de oliva

Pimienta negra recién molida

Un poco de sal

Preparación

1. Precalienta el horno a 200 °C.
2. Parte la berenjena en rodajas y después en mitades. Ponlas en un bol y añade el aceite, la sal y bastante pimienta recién molida.
3. Coloca en una bandeja de horno protegida con papel de hornear y hornea unos 30 minutos más o menos o hasta que estén hechas y doradas. Deja enfriar y guarda en un tupper.

Crema de coliflor

Página 124

Salsa de nueces

Ingredientes

1 T o 100 g de nueces

½ T o 125 ml de agua

3 C de aceite de oliva

2 C de vinagre de manzana s/f

1 c de miel cruda ecológica

¼ c de sal

Preparación

1. Precalienta el horno a unos 200 °C.
2. Hornea las nueces en una bandeja a media altura. Deja que se doren suavemente, con cuidado de que no se quemen. Tardarán unos 5 minutos.
3. Tritúralas junto con los demás ingredientes en la batidora hasta obtener una salsa homogénea.

ⓘ Puedes sustituir la miel por otro endulzante de calidad que te guste.

Horneado de garbanzos con pimentón

Ingredientes

100 g de los garbanzos cocinados aprox.

¾ c de pimentón ahumado

¼ c de cardamomo molido

Un poco de pimienta negra recién molida

Un poco de sal

Preparación

1. Precalienta el horno a 220 °C.
2. En un bol, mezcla los garbanzos con las especias y la sal.
3. Coloca sobre una bandeja de horno protegida con papel antiadherente.
4. Cambia a la función de grill y hornea los garbanzos unos 8-10 minutos o hasta que estén ligeramente duros. Deja que se enfríen y guarda en un tupper o tarro en la nevera.

ⓘ Si has decidido cocinar tú los garbanzos secos, es importante que los pongas en remojo al menos un día antes, cambiándoles el agua más o menos cada 12 horas. Este remojo facilita muchísimo su digestión.

Miércoles

Horneado de calabaza, manzana y cebolla

Ingredientes

1 calabaza de unos 2 kg

1 manzana mediana

1 cebolla grande

Preparación

1. Precalienta el horno a unos 220 °C.
2. Parte la calabaza en rodajas con la piel, descartando la parte de las semillas.
3. Cuartea la manzana y la cebolla pelada.
4. Colócalo todo sobre una bandeja de horno protegida con papel antiadherente. Añade sal y aceite e introduce en la parte media del horno. Hornea unos 40-60 minutos hasta que esté todo tierno y ligeramente dorado.
5. Guarda unos 9-11 trozos de calabaza ya fría en un tupper. El resto lo utilizarás para hacer la crema.

(i) Asar la calabaza con piel en el horno ahorra mucho esfuerzo al pelarla. Verás que es mucho más fácil y, además, la piel está muy rica.

Crema de calabaza y manzana horneadas

Página 126

Cocción de arroz nerone

Ingredientes

¼ T o 50 g de arroz nerone

¼ c de sal

400 ml de agua aprox.

Preparación

Deja el arroz en remojo unas 8 horas.

1. Hierve unos 400 ml de agua en un cacito. Añade el arroz y la sal, tapa la olla y deja a fuego lento unos 30 minutos o hasta que esté hecho. Escurre y deja enfriar.
2. Guarda en un tarro en la nevera.

¿Sabías que...?

El arroz nerone también se conoce como arroz prohibido, ya que en la antigua China se reservaba para el emperador y nadie más podía comerlo, pues se consideraba que alargaba la vida. Es un arroz con un aroma y sabor que recuerda a los frutos secos. Su color negro indica que es muy rico en antioxidantes, sobre todo la antocianina, sustancia que ayuda a reducir la inflamación, disminuir los niveles de glucosa en sangre y fortalecer el sistema inmunológico, así que, ciertamente, es un arroz que alarga la vida.

Hummus de calabaza asada

Ingredientes

½ T de garbanzos cocidos (pág.109)

3-4 rodajas de calabaza horneada (pág. 112)

3 C de tahini

1-2 C de zumo de limón

3 C de agua aprox.

¼ c de comino molido

¼ c de cúrcuma

¼ c de sal

Apio u otros vegetales frescos (opcional)

Preparación

1. Pon todos los ingredientes en la batidora (no es necesario pelar la calabaza) y tritura hasta obtener una crema fina. Prueba y ajusta la consistencia y sabor a tu gusto.
2. Guarda en un tarro en la nevera y utilízalo, por ejemplo, como snack o acompañamiento con un poco de apio fresco.

ⓘ Añade un poco de pimienta negra al servirlo, pues de esta forma la cúrcuma será más biodisponible y aprovecharás mejor sus efectos antinflamatorios.

Tostado de almendras

Ingredientes

½ T o 70 g de almendras con piel

Preparación

1. Lamina o trocea las almendras con un cuchillo.
2. Tuesta las almendras 1-2 minutos sin dejar de remover para que no se quemen.
3. Deja que se enfríen y guarda en un tarro en la despensa.

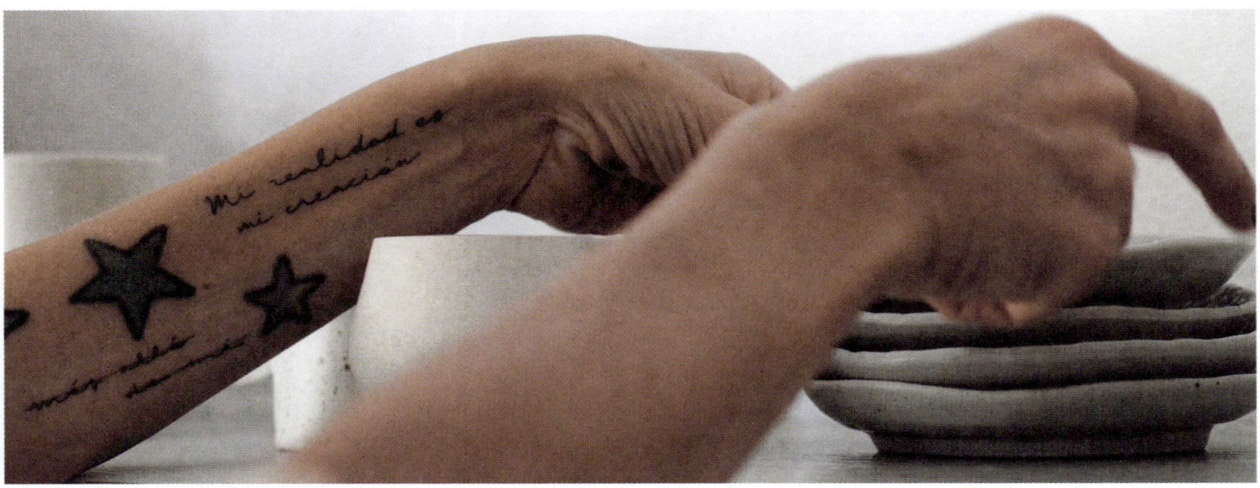

Lunes

Ensalada de berenjena, quinoa y tempeh

1 ración | 15 minutos | + proteínas + carbohidratos - grasas

Ingredientes

La mitad de la quinoa cocinada (pág. 109)

La berenjena horneada con pimienta (pág. 109)

Un puñado de mézclum de temporada

Unas pocas nueces

3 barritas de tempeh marinado en tamari

1 C de la granada (pág.108)

3 C de salsa de nueces (pág. 110)

2 C de aceite de oliva

½ c de vinagre de Módena

Sal

Preparación

1. Calienta la berenjena en una sartén, si lo deseas.
2. Aprovecha la sartén para dorar el tempeh un minuto por cada lado.
3. Mezcla en un vasito el aceite con el vinagre de Módena.
4. Pon en un bol la quinoa, el mézclum y la berenjena. Sala, añade el aliño y mezcla bien.
5. Sirve en un plato junto con el tempeh y la salsa de nueces. Agrega un poco de granada y unas nueces.

ⓘ El tempeh es una proteína originalmente de soja, aunque también hay de garbanzo; ambas son proteínas completas. Suelen estar disponibles en las tiendas tanto en formato original como marinado. Yo te recomiendo el marinado con tamari, pues es mucho más sabroso. En caso de que no lo encuentres marinado, puedes prepararlo en casa fileteándolo y dejándolo en un tupper con tamari al menos 24 horas. Eso sí, te aviso de que nunca queda igual de rico.

Martes

Quinoa salteada con kale, champiñones y setas shiitake

1 ración | 20 minutos | + carbohidratos + proteínas - grasas

Ingredientes

La mitad de la quinoa cocinada (pág.109)

2-3 C de garbanzos horneados (pág. 110)

75 g de champiñones (3 grandes)

50 g de setas shiitake (3 grandes)

1 rama de romero fresco

3 C de aceite de oliva

Un poco de sal

1 cebolla tierna pequeña

1 hoja grande de col kale (dinosaurio)

½ c de tamari o salsa de soja

Pimienta negra

Unos pocos brotes

Salsa de nueces (pág. 110)

Preparación

1. Retira parte de los tallos de los dos tipos de hongos (las setas shiitake y los champiñones) y filetéalos finamente.
2. Calienta unas 2 cucharadas de aceite en una sartén. Añade las setas con un poco de sal y el romero en trozos, y saltéalas a fuego medio hasta que estén ligeramente doradas. Reserva.
3. Añade 1 cucharada más de aceite a la sartén. Filetea la cebolla pelada y saltéala bajando el fuego al mínimo. Añade la col kale fileteada con un poco de sal y de pimienta negra recién molida y saltea 1-2 minutos. Incorpora la quinoa, el tamari y tres cuartas partes de las setas, y saltea un momento. Prueba y ajusta de sal si es necesario.
4. Sirve en el plato. Añade por encima las demás setas, los garbanzos y los brotes. Acompaña con un poco de la salsa de nueces.

Miércoles

Cuscús con verduras horneadas, kale y tempeh

1 ración | 20 minutos | + carbohidratos + proteínas – grasas

Ingredientes

- ⅓ T o 60 g de cuscús de espelta
- ½ T o 100 ml de agua
- ½ c de ras el hanout
- ¼ c de sal
- 1 C de aceite de oliva
- 4 hojas de kale (dinosaurio)
- Un poco de perejil
- 3 barritas de tempeh marinado en tamari
- 2 C de los garbanzos horneados (pág. 110)
- ⅓ de las verduras horneadas con miso blanco (pág. 108)

Preparación

1. Hierve el agua.
2. Mezcla bien todos los ingredientes del cuscús en un bol y añádelos al agua hirviendo, remueve y tapa con un trapo. Deja reposar unos 10 minutos.
3. Filetea las hojas de kale finamente.
4. Pon a calentar un poco de aceite de oliva en una sartén. Cuando esté bien caliente, dora el tempeh en una mitad y, en la otra, saltea la col kale con un poco de sal. Retira de la sartén y reserva.
5. Calienta ligeramente en la sartén las verduras horneadas (descarta las rodajas de boniato). Añade el cuscús, mezcla bien y saltea un minuto. Apaga el fuego y reserva.
6. Agrega el perejil bien picado y sirve el cuscús en un plato.
7. Incorpora los garbanzos y el tempeh mezclado con la col kale.
8. Puedes acompañar con la salsa de nueces.

ⓘ Si no comes gluten, puedes sustituir el cuscús por quinoa.

Jueves

Crepe bretona con champiñones, calabaza y huevo

1 ración | 15 minutos | + carbohidratos + proteínas - grasas

Ingredientes

¼ T o 40 g de harina de trigo sarraceno

⅓ T o 80 ml de agua

3 champiñones

Un poco de mézclum de temporada

3-4 trozos de la calabaza horneada (pág. 112)

¼ de aguacate

1 cebolleta

Un poco de gomasio (pág. 49)

Unos brotes

1 huevo

3 C de aceite de oliva aprox.

Un poco de sal

Preparación

1. En un bol, bate bien la harina con el agua.
2. Filetea los champiñones y la cebolleta pelada.
3. Calienta 2-3 cucharadas de aceite de oliva una sartén mediana. Saltea la cebolleta un par de minutos. Luego, añade los champiñones y un poco de sal, y saltea hasta que estén hechos. Reserva.
4. Pon un poco más de aceite en la sartén y, cuando se haya calentado, vierte la masa de crepe rápidamente y gira la sartén en círculo para que se extienda bien por toda la superficie. Deja un par de minutos al fuego y, cuando veas que se puede despegar fácilmente, dale la vuelta y deja un minuto más. Reserva.
5. En la misma sartén, añade un poco de aceite y fríe el huevo. Luego, calienta en la misma sartén los trozos de calabaza.
6. Pon todos los ingredientes sobre la crepe, empezando por el mézclum. Agrega un poco de sal y aceite por encima.

Viernes

Sopa de tomate y especias con garbanzos y arroz nerone

2 raciones

30 minutos

\+ carbohidratos + proteínas - grasas

Encontrarás esta receta en la comida del domingo con una variación.

Ingredientes para la sopa base

1 cebolla mediana

3 dientes de ajo

Un trozo de jengibre fresco

¼ c de semillas de comino

1 c de pimentón ahumado

3 hojas de laurel

Unas ramas de perejil

Unas ramas de romero

3 C o 75 g de pasta de tomate

1 C de azúcar de coco o panela

3 T o 750 ml de caldo vegetal

1 T de los garbanzos cocidos (pág. 109)

Extras

2 hojas de col kale (dinosaurio)

Un trozo de limón

La mitad del arroz nerone (pág. 112)

Un poco de aceite de oliva

Un poco de sal

Un poco de pimienta negra en grano

Preparación

1. Pela la cebolla y el ajo, y pícalos junto con el jengibre.
2. Pon a calentar unas 3 cucharadas de aceite de oliva en una cazuela. Cuando esté caliente, añade la cebolla, el ajo y el jengibre, y baja el fuego. Incorpora las semillas de comino, el pimentón, el perejil, el laurel y el romero, y saltea unos minutos.
3. Agrega el caldo vegetal y la pasta de tomate. Mezcla bien, tapa y deja cocinando unos 10 minutos. Retira el romero y las ramas de perejil. Añade el endulzante al gusto para rectificar la acidez.
4. Incorpora los garbanzos y cocina unos 3 minutos más.
5. Reserva la mitad de la sopa y guarda en un tarro para la comida del domingo.
6. Añade la col kale troceada a la cazuela y cocina 2 minutos más.
7. En el momento de servir, añade el arroz nerone cocinado, unas rodajas de limón, un poco de pimienta negra recién molida, un poco de perejil y un chorrito de aceite.

Sábado

Boquerones con chili y limón y ensalada de calabaza asada

1 ración — 30 minutos — + proteínas + grasas - carbohidratos

Ingredientes para los boquerones

250 g de boquerones (unos 15)

1 rama de romero

1 limón

1 cebolla tierna pequeña

1 diente de ajo

1 pimiento chili fresco

1 C de miso blanco

¼ T o 60 ml de agua

¼ c de tamari

Un poco de aceite de oliva

Un poco de sal

Ingredientes para la ensalada

3 rodajas de calabaza asada (pág. 112)

Un poco de mézclum de temporada

½ aguacate

Unos granos de granada (pág. 108)

Unas almendras tostadas (pág. 113)

½ c de vinagre de Módena

2 C de aceite de oliva

Un poco de sal

Preparación

1. Pon la ensalada en un plato y sirve con el aliño de vinagre de Módena, aceite y sal.
2. Limpia los boquerones retirando la cabeza y las tripas.
3. En un vasito, mezcla bien el miso blanco con el zumo de medio limón, el agua y el tamari. Reserva.
4. Calienta 3 cucharadas de aceite de oliva en una sartén y saltea la cebolla, el ajo y el chili fileteados finamente, el romero y un poco de sal durante unos minutos hasta que el ajo esté ligeramente dorado. Retira y reserva.
5. Añade el limón troceado a la sartén y dóralo chafándolo para que suelte el jugo. Retira y reserva.
6. Echa un poco más de aceite en la sartén y añade los boquerones. Incorpora el miso y deja cocinar unos dos minutos. Da la vuelta a los boquerones con cuidado para que no se rompan y deja un minuto más.
7. Sirve con el limón y el salteado con el chili.

Domingo

Sopa de tomate con chili y huevo

1 ración | 10 minutos | + proteínas + carbohidratos - grasas

He querido variar esta sopa para que compruebes lo fácil que es darle un toque diferente. En este caso, ponen la nota el chili y el huevo. Juntos, la convierten en un plato muy caliente y nutritivo, ideal para los días más fríos. Aunque, si lo prefieres, siempre puedes repetir la sopa tal cual está en la receta del viernes.

Ingredientes

La otra mitad de la sopa base (pág. 118)

Un poco de brócoli

1 huevo

Un poquito de chili en polvo

La otra mitad del arroz nerone (pág. 112)

Un poco de perejil

Un poco de aceite de oliva

Un poco de sal

Preparación

1. Hierve un poco de agua en una olla y añade las flores de brócoli. Cuando hierva de nuevo, deja tres minutos o hasta que tengan un color verde brillante. Retira y escurre. Reserva.
2. Haz el huevo poché (pág. 154).
3. Calienta la sopa con el poquito de chili a tu gusto.
4. Sirve en un plato con el huevo, el arroz nerone cocinado y el brócoli por encima. Añade un poco de sal, perejil y aceite.

Cazuela de verduras horneadas con miso y huevo

1 ración

20 minutos

+ carbohidratos + proteínas - grasas

Esta cazuela de verduras con huevo es lo que yo llamo *comfort food*, pero del bueno, del que es saludable. Sienta de maravilla. Te reconfortará y te gustará tanto que estoy casi segura de que querrás repetir una y otra vez.

¿Una recomendación? Una vez que domines este plato, reversiónalo a tu antojo inventando nuevos horneados, tan simples o complejos como te apetezca. La clave está en tenerlos preparados y luego añadir el huevo.

Ingredientes

⅓ del horneado de vegetales y miso blanco (pág. 108)

2 huevos

Un poco de perejil

Unos brotes

Un poco de sal negra

Un poco de aceite de oliva

Un poco de pan (opcional)

Preparación

1. Precalienta el horno a unos 200 °C.
2. De este tercio de las verduras, asegúrate de que haya una buena parte de boniato. Pon en la cazuela y hornea unos 10 minutos.
3. Añade los huevos a la cazuela y pon el grill unos 5 minutos o hasta que el huevo esté hecho.
4. Retira del horno y añade un poco de sal negra, aceite de oliva, perejil picado y unos brotes.

Puedes acompañarla con un poco de pan de buena calidad.

Crema de coliflor

2-3 raciones

30 minutos

\+ carbohidratos - grasas - proteínas

Es cierto que, de todas las verduras, la coliflor es una de las que cuenta con menos amigos. ¿Será por la forma aburrida en la que nos la daban nuestras madres? ¿Recuerdas tener que comerte el plato de coliflor hervida? Yo sí. También tiene mala fama por la desagradable fermentación que puede provocar en el intestino. Sin embargo, la coliflor, siendo de la familia de las coles, es una de las verduras con mayor efecto antinflamatorio. Por eso, te animo a que entables amistad con ella. En mi anterior libro, te la presenté horneada y también en una crema. En esta ocasión, te propongo otra crema, pues así, triturada, siempre que ensalivemos bien, es como mejor sienta.

Ingredientes

1 coliflor pequeña

1 cebolla grande

2 dientes de ajo

Un poco de nuez moscada

Un poco de pimienta negra

Agua

Un poco de pimentón ahumado

Un poco de aceite de oliva

Un poco de sal

Preparación

1. Trocea la coliflor.
2. Pela la cebolla y trocéala. Saltéala un par de minutos en una olla junto con los ajos pelados, 2 cucharadas de aceite y sal. Añade un pequeño fondo de agua para que no se queme y la nuez moscada. Tápalo y deja al fuego un par de minutos.
3. Agrega la coliflor y agua hasta casi cubrirla. Baja el fuego, remueve y tapa la olla. Deja que se cocine unos 15-20 minutos o hasta que esté tierna.
4. Tritura en la batidora junto con 2 cucharadas más de aceite y la pimenta negra recién molida hasta que quede una mezcla bien fina.
5. Deja enfriar y guarda en un tarro de cristal en la nevera.
6. Sirve con un poco de aceite, pimentón ahumado y unos brotes.

Crema de calabaza y manzana horneadas

2-3 raciones

10 minutos

\+ carbohidratos - grasas - proteínas

Creo que estaremos de acuerdo en que no es otoño si no hay crema de calabaza, ¿verdad? Inventé esta receta para uno de mis cursos *online* y me hace ilusión que la pruebes. El toque de manzana asada le da un carácter muy especial y el topping crujiente de almendras tostadas y manzana fresca resulta delicioso. Esta crema se ha convertido en mi favorita de los meses de otoño.

Ingredientes

Toda la manzana y cebolla del horneado (pág.112)

La calabaza horneada, menos los trozos que has reservado (pág. 112)

½ c de nuez moscada

1 T o 250 ml de caldo vegetal

200 ml de nata vegetal (de avena, soja, etc.) aprox.

1-2 c de agave (opcional)

Un poco de sal

Extras

Unas almendras tostadas (pág. 113)

¼ de manzana fresca

Unos brotes

Un chorrito de aceite de oliva

Un poco de sal negra

Preparación

1. Pela la calabaza (solo para que la crema quede más suave de textura, pero puedes dejar la piel) y ponla junto con los demás ingredientes en la batidora. Tritura hasta obtener una crema fina. Si necesitas ajustar de líquido, hazlo con agua. Prueba y ajusta de sal a tu gusto.
2. Cuando vayas a consumirla, calienta la crema en una olla (sin dejar de remover cuando empiece a hervir, pues imagino que ya sabes que, si no, salpica todo).
3. Sirve con un poquito de manzana fresca laminada, unos brotes, unas almendras y un poco de sal negra y aceite de oliva.

Si tienes una batidora potente (por encima de los 900 W), puedes añadir la calabaza con piel; en caso contrario, retira la piel antes de triturar.
Los extras son opcionales. Puedes variarlos por los que gustes u omitirlos, aunque su función, además de embellecer las cremas, es invitarte a masticar un poco, lo que da más sensación de saciedad.

Revuelto de huevos con zanahoria y cilantro

1 ración

10 minutos

\+ proteínas + grasas - carbohidratos

Este desayuno rico en grasas y proteína es perfecto para empezar el día. Además de estar riquísimo, sacia y sienta muy bien. Y, al no tener apenas carbohidrato, promueve la ruta metabólica de la quema de grasas.

Ingredientes

3 huevos

1 zanahoria

Un poquito de cilantro

½ c de cúrcuma

Un poco de pimienta negra recién molida

2 o 3 C de aceite de oliva aprox.

Un poco de sal

1-2 C de tahini

Gomasio (pág. 49)

Preparación

1. Bate los huevos junto con la cúrcuma y la sal (si tienes, utiliza unas varillas eléctricas pequeñas, pues la cúrcuma es algo difícil de integrar en el huevo).
2. Ralla la zanahoria.
3. Calienta un poco de aceite de oliva en una sartén y saltea ligeramente la zanahoria rallada con un poco de sal. Baja el fuego al mínimo, añade el huevo batido y remueve constantemente para hacer un revuelto.
4. Retira de la sartén y añade el cilantro y un poco de gomasio. Sirve con tahini.

Tortillas de almendra con sardinas y aguacate

3 raciones

30 minutos

\+ proteínas + grasas - carbohidratos

Este desayuno está completamente inspirado en uno que disfruté en el restaurante Criollo, en Oaxaca (México), cuando viajaba con mi amiga Nuria. Aquel estaba hecho con una tortilla de maíz, pero me gustó tanto la presentación y la idea del desayuno que no dudé en memorizarlo para elaborar mi versión.

Ingredientes para las tortillas

¼ T o 25 g de harina de almendra

⅓ T o 70 g de yogur de coco o almendra

1 huevo

½ c de cúrcuma

Una pizca de sal

Ingredientes para el relleno

½ aguacate

¼ de limón

Unas 4 sardinas en conserva

2 hojas de radicchio

Pimienta roja

Unos brotes

Unas pocas almendras tostadas

Sal negra

Aceite de oliva

Un poco de cilantro fresco

Preparación

1. Con la ayuda de unas varillas mezcla bien todos los ingredientes de las tortillas en un bol.
2. Calienta bien una sartén antiadherente con un poco de aceite de oliva. Añade parte de la masa y extiende bien. Deja que se cocine bien, unos 2-3 minutos. Con la ayuda de una espátula o similar, despega con cuidado y dale la vuelta cuando veas que puedes (también puedes voltear en un plato). Deja que se dore por el otro lado 1 minuto más. Reserva y haz las siguientes.
3. Parte el aguacate y mezcla en un bol con el zumo de limón, aceite y la sal.
4. Coloca todos los ingredientes sobre las tortillas. Añade las sardinas y termina con el cilantro, pimienta roja y un poquito más de aceite de oliva.

Puedes guardar estas tortillas en un tupper, apiladas con papel antiadherente, durante 2-3 días en la nevera. Caliéntalas en una sartén antes de servir.

Pudding de chía y manzana salteada con canela

1 ración

20 minutos

+ proteínas + carbohidratos + grasas

Adoro esta versión del pudding de chía. El trabajo de saltear las manzanas en la sartén sin duda merece la pena por el aroma y el dulzor que sueltan. Tener un topping calentito en otoño hace de este desayuno una opción muy reconfortante, perfecta para cuando empieza a refrescar. No dudes en calentar también ligeramente el pudding en una olla si todo tu cuerpo te pide calor.

Ingredientes

3 C de semillas de chía

1 C de copos finos de avena s/g

1 T o 250 ml de leche de avellana, coco o almendra

1 C de aceite de oliva o de coco

½ manzana

½ c de canela

Un trocito de jengibre fresco rallado

Unas ramitas de romero

4 nueces aprox.

Preparación

1. En un tarro con tapa, echa las semillas de chía, la avena y la leche, y agita para que se mezclen bien. Deja reposando al menos 20 minutos, agitando de vez en cuando para que no se aglomeren.
2. Calienta el aceite en una sartén y saltea la manzana troceada, las especias y el romero unos 2-3 minutos.
3. Sirve el pudding en un bol junto con la manzana y las nueces.

¿Sabías que...?

En un estudio publicado por *The American Journal of Clinical Nutrition** se comprobó que 6 gramos de canela después de comer son suficientes para reducir considerablemente los niveles de glucosa en sangre.

Así que ten este dato en cuenta: 1 cucharada de canela = 3 gramos de canela.

Puedes preparar este pudding el día anterior.
Las especias y el romero son sugerencias. Adáptalo a tus gustos.
Para una versión más caprichosa, añade un dátil troceado o un poco de miel o sirope por encima.

* Hlebowicz, J., Darwiche, G., Björgell, O., Almér, L. (2007). Effect of cinnamon on postprandial blood glucose, gastric emptying, and satiety in healthy subjects. *The American Journal of Clinical Nutrition*, 85(6), 1552-1556. <https://doi.org/10.1093/ajcn/85.6.1552>.

INVIERNO

El invierno nos induce a la nostalgia y con ella a valorar los pequeños placeres. Disfrutar de los rayos del sol en contacto con nuestra piel, prender la chimenea, encender unas velas, echarte tu manta favorita encima, ponerte unos calcetines de lana, disfrutar de una buena lectura y cerrar el día a las seis.

Hornear, cocinar una buena sopa, preparar un guiso o un caldo.

El invierno nos invita a darnos confort.

Apios, naranjas, limones, coles, alcachofas, calabazas y todas las hojas verdes tiernas están en su esplendor.

	Desayuno	Comida	Cena
Lunes	Tortilla de aguacate a la sartén	Musaka de lenteja roja y bechamel de coliflor	Cazuela de brócoli, calabaza, kale y huevo
Martes	Tostadas de manteca de almendra y tahini, miel y manzana	Arroz nerone y judía blanca con salsa de tahini y limón	Crema de espinacas y huevo poché
Miércoles	Tortilla de aguacate a la sartén	Musaka de lenteja roja y bechamel de coliflor	Sopa de cebolla antinflamatoria
Jueves	Porridge de chai y chía con granola de invierno	Dal con brócoli y huevo	Crema de espinacas y huevo poché
Viernes	Tortilla de aguacate a la sartén	Quinoa y coles de Bruselas salteadas con romero	Sopa de cebolla antinflamatoria
Sábado	Tostadas de manteca de almendra y tahini, miel y manzana	Dal de lenteja roja con chili y cilantro	Cazuela de brócoli, calabaza, kale y huevo
Domingo	Porridge de chai y chía con granola de invierno	Crepe bretona con calabaza horneada, coles y huevo	Sopa de cebolla antinflamatoria

Domingo

Horneado de calabaza

Tostado de anacardos y almendras

Musaka de lenteja roja y bechamel de coliflor

Cocción de arroz nerone

Tostado de semillas de calabaza

Brócoli en 3 minutos

Crema de espinacas y huevo poché

Miércoles

Horneado de calabaza

Dal (también puedes prepararlo el jueves, para comer)

Sopa de cebolla antinflamatoria

Coles de Bruselas salteadas (también puedes prepararlas el viernes, para comer)

Brócoli en 3 minutos

Cantidades para 1 persona

Vegetales frescos

Para cocinar el domingo

- 2 puerros grandes
- 2 calabacines grandes
- 2 manojos de espinacas frescas
- 1 calabaza violín de 1,2 kg
- 2 cebollas grandes
- 1 manojo de cebolletas tiernas*
- 1 cabeza de ajo
- 1 coliflor (unos 600 g)
- 2 berenjenas medianas
- 1 zanahoria
- 1 rama de apio
- 1 brócoli pequeño
- 9-11 hojas de col kale* aprox.
- 3 limones
- Eneldo fresco
- Cilantro fresco
- Romero fresco
- Unos brotes o germinados frescos

Para cocinar el miércoles y el resto de la semana

- 200 g de coles de Bruselas
- 1 cabeza de ajo
- Un trocito de cúrcuma fresca (opcional)
- Un trozo pequeño de jengibre fresco
- 6 cebollas grandes
- 1 puerro
- Unas espinacas baby frescas
- Un poco de pan (para la sopa de cebolla)
- Un trozo pequeño de queso artesano que te guste
- 1 calabaza de unos 500 g

Despensa y nevera

- ½ docena de huevos
- 50 g de quinoa
- 40 g de harina de trigo sarraceno
- 1 L de caldo vegetal ecológico*
- Aceite de oliva virgen
- Un bote de unos 250 g de ghee* (opcional)
- Sal natural
- Sal negra (opcional)
- 500 ml de tomate triturado natural
- 500 g de tomates enteros en conserva
- Un poco de tahini
- 1 bote pequeño de judías blancas
- Un poco de azúcar de panela
- Un poco de miel cruda
- 1 T + ¼ T o 250 g de lentejas rojas
- Un trozo pequeño de queso parmesano de calidad
- 150 g de arroz nerone
- ½ T o 70 g de almendras con piel
- ½ T o 70 g de anacardos
- 1 T o 150 g de semillas de calabaza
- 25 g de levadura nutricional aprox.

Desayunos

3 aguacates

1-2 limones

½ docena de huevos

2 manzanas

Un pan artesano de masa madre

1 L de leche vegetal s/a

50 g de copos de avena s/g aprox.

40 g de semillas de chía aprox.

1 bote pequeño de manteca de almendra

1 bote pequeño de miel artesana

Sirope de agave sin refinar (opcional)

Granola de invierno* (pág. 198)

Un poco de té chai a granel*

Especias

Nuez moscada

Orégano

Pimentón ahumado (de la Vera)

Comino molido

Semillas de comino

Semillas de cilantro

Cardamomo en vainas

Pimienta negra en grano

Cúrcuma

Chili en copos

ⓘ **Anotaciones**

* Los manojos de cebolletas pequeñas y alargadas suelen llevar entre 8 y 10. Dependiendo de la cantidad y el tamaño, revisa si necesitas más para la compra del miércoles.

* He utilizado col kale dinosaurio, que tiene unas hojas menos rizadas y más gruesas y rugosas. Emplea la que encuentres.

* El caldo vegetal puedes prepararlo en casa con unos pocos vegetales que tengas, laurel, perejil y un trozo de alga kombu.

* Puedes sustituir el ghee por aceite de oliva o aceite de coco.

* Puedes sustituir la granola de invierno por algo de fruta, nibs de cacao o frutos secos.

* Utiliza el té chai que prefieras; a mí me gusta mucho el de Yogi Tea.

Domingo

Horneado de calabaza

Ingredientes

La mitad de la calabaza violín (unos 600 g)

3 C de aceite de oliva aprox.

½ c de sal

Preparación

1. Precalienta el horno a 220 °C.
2. Corta la calabaza en rodajas del mismo grosor, retirando la parte de las semillas y manteniendo la piel.
3. Coloca las rodajas en una bandeja de horno protegida con papel de hornear. Añade el aceite de oliva y la sal, y empapa bien los trozos ayudándote de las manos.
4. Introduce en el horno y deja unos 40 minutos.
5. Pasado ese tiempo, enciende el grill, sube la bandeja y dora unos 15 minutos o hasta que se caramelice.
6. Saca del horno y deja enfriar.

ⓘ No hará falta que retires la piel de la calabaza para ninguna de las recetas. Podrás comértela o pelarla en el plato. Conserva la calabaza restante envuelta en film o similar en la nevera. La usaremos para el horneado del miércoles.

Tostado de anacardos y almendras

Ingredientes

½ T o 70 g de almendras con piel

½ T o 70 g de anacardos

Preparación

1. Precalienta el horno a 200 °C.
2. Extiende las almendras en la mitad de la bandeja del horno y los anacardos en la otra mitad, y hornéalos a media altura 4 minutos; pon una alarma para evitar que se quemen. Retira del horno, deja enfriar y guarda cada uno en un tarro en la despensa.

ⓘ Puedes omitir los anacardos y hacer el doble de almendras o viceversa. Lo ideal es utilizar almendras de origen nacional.

Musaka de lenteja roja y bechamel de coliflor

Página 144

Cocción de arroz nerone

Ingredientes

¾ T o 150 g de arroz nerone o negro

2 T o 500 ml de agua

Preparación

A ser posible, pon el arroz en remojo unas 8 horas antes de cocinarlo (esto mejora su digestión y reduce el tiempo de cocinado).

1. Si has dejado el arroz en remojo, descarta el agua y enjuaga ligeramente bajo el grifo antes de cocinar.
2. Hierve el agua con la sal. Añade el arroz y cuece unos 30 minutos o hasta que esté tierno. Cuela, deja enfriar y conserva en un tarro de cristal en la nevera.

Tostado de semillas de calabaza

Ingredientes

1 T o 150 g de semillas de calabaza

Un poco de sal

Preparación

1. Calienta la sartén y saltea las semillas de calabaza con una pizca de sal hasta que estén ligeramente doradas.

Brócoli en 3 minutos

Ingredientes

½ brócoli pequeño

Agua

Preparación

1. Lava el brócoli y pártelo en arbolitos. Si son muy grandes, córtalos por la mitad.
2. Hierve el agua.
3. Añade el brócoli y, cuando el agua rompa a hervir de nuevo, deja 3 minutos. Retira y escurre. Deja enfriar y guarda en un tupper en la nevera.

Crema de espinacas y huevo poché

Página 154

Miércoles

Horneado de calabaza

Página 140

Dal

Ingredientes

1 C de semillas de cilantro

Las semillas de 3 vainas de cardamomo

1 c de semillas de comino

⅓ c de granos de pimienta negra

½ c de cúrcuma

4 dientes de ajo

Un trocito de jengibre

Un trocito de cúrcuma fresca (opcional)

½ cebolla

1 puerro

300 g de tomates enteros en conserva

500 g de calabaza pelada

1 c de azúcar de panela

1 L de agua

2 C de ghee, aceite de coco u oliva

Preparación

1. Pela el ajo, el jengibre y la cúrcuma, y pícalos. Machácalos en el mortero junto con las especias hasta formar una pasta (también puedes usar un molinillo o similar).
2. Pela la cebolla y pícala. Filetea el puerro. Pela y trocea la calabaza.
3. Calienta el ghee en una olla, añade la cebolla y el puerro, sala un poco e incorpora las especias. Luego, agrega el tomate picado, el azúcar de panela y un poco más de sal. Cocina así unos 5 minutos. Posteriormente, incorpora la calabaza en cubos y el agua, tapa la olla y, cuando rompa a hervir, deja unos 30 minutos a fuego suave. Prueba y rectifica de sal si es necesario. Deja enfriar y guarda en un tupper hasta que vayas a comerlo.

Sopa de cebolla antinflamatoria

Página 156

Coles de Bruselas salteadas

Ingredientes

200 g de coles de Bruselas aprox.

2-3 C de aceite de oliva

½ c de sal

Preparación

1. Retira las primeras hojas de las coles de Bruselas y filetéalas.
2. Calienta el aceite de oliva en una sartén y saltea las coles con media cucharadita de sal a fuego medio unos 8 minutos hasta que se doren. Cuando se enfríen, ponlas en un tupper y guárdalas en la nevera.

Brócoli en 3 minutos

Página 141

— **Lunes**

Musaka de lenteja roja y bechamel de coliflor

2-3 raciones

90 minutos

+ carbohidratos + proteínas - grasas

Esta receta la encontrarás también el miércoles.

Ingredientes

2 berenjenas medianas

Ingredientes para la bechamel

1 coliflor (unos 600 g)
1 cebolla
3 C de aceite de oliva
1 c de sal
½ c de nuez moscada
4 C de levadura nutricional

Ingredientes para el salteado

1 cebolla
1 diente de ajo
1 zanahoria
1 rama de apio
1 C de orégano seco
½ c de pimentón ahumado (de la Vera)
½ c de comino molido
500 ml de tomate triturado (natural)
1 C de azúcar de panela
1 T o 180 g de lentejas rojas
2 T de agua

Extras

Queso parmesano (un trocito)

Preparación

1. Precalienta el horno a 200 °C.
2. Corta las berenjenas a lo largo en láminas de 0,5 cm de grosor y ponlas en la bandeja del horno protegida con papel de hornear y con un poco de aceite de oliva. Hornea en la mitad del horno unos 20 minutos. Retira y deja enfriar.
3. Para la bechamel, pela la cebolla, trocéala y ponla en una olla mediana con unas 2-3 cucharadas de aceite de oliva y la sal. Cocina un poco con la tapa puesta hasta que esté tierna. Añade la coliflor cortada en trozos del mismo tamaño y remueve un poco. Agrega agua casi hasta cubrir y tapa. Cuece unos 15 minutos o hasta que la coliflor esté tierna.
4. Cuela. Tritura la coliflor y la cebolla con la nuez moscada y levadura nutricional con la batidora (o usa una de mano) hasta obtener una crema fina. Prueba y ajusta de sal a tu gusto. Añade caldo de la cocción si se necesita, pues tiene que quedar un poco espesa. Reserva.
5. Para el salteado, pela la cebolla y el ajo, y pícalos finamente, así como el apio y la zanahoria. Saltéalos unos minutos en la sartén junto con las especias y el orégano. Añade las lentejas, el tomate, el agua y el azúcar. Remueve bien, tapa con la sartén y deja que se cocine unos 20 minutos o hasta que las lentejas estén bastante tiernas. Prueba y ajusta de sabor.
6. Para montar la musaka, engrasa un poco un molde de unos 20 cm de diámetro y 15 de alto, y pon capas en este orden: berenjena + salteado + bechamel + berenjena + salteado + bechamel. Espolvorea un poco de parmesano rallado encima de cada capa de bechamel (si no tomas queso, omítelo, es opcional).
7. Hornea unos 20 minutos en el horno caliente a 190 °C.

Si te sobra bechamel, bátela con el resto del caldo para obtener una sabrosa crema.

—— Martes

Arroz nerone y judía blanca con salsa de tahini y limón

1 ración | 15 minutos | + carbohidratos - proteínas - grasas

Ingredientes

⅓ del arroz nerone cocinado (pág. 141)

3 trozos de calabaza asada (pág. 140)

5 hojas de col kale aprox.

3-4 cebolletas tiernas

2-3 C de judías blancas cocinadas

1 limón (la ralladura)

¼ c de semillas de comino

2 C de aceite de oliva aprox.

Un poco de sal

Un poco de pimienta negra recién molida

Un poco de eneldo fresco

¼ T de semillas de calabaza tostadas (pág. 141)

Ingredientes para la salsa

1 C de tahini

2 C de zumo de limón

2-3 C de agua

Una pizca de sal

Un poco de miel cruda

Preparación

1. Retira la primera capa de las cebolletas y córtalas en rodajas finas. Trocea la col kale de tamaño bocado (descarta la parte más gruesa del tallo). Lava las judías y escúrrelas.
2. Calienta aceite de oliva en una sartén y saltea las cebolletas, el comino, y la cáscara de limón con un poco de sal un par de minutos.
3. Añade la col kale y continúa salteando unos minutos. Incorpora las judías y continúa salteando un par de minutos.
4. Agrega el arroz nerone y la calabaza asada mezclando bien. Deja hasta que se caliente.
5. Mezcla los ingredientes de la salsa en un vaso. Utiliza el agua para ajustar la salsa hasta obtener una consistencia agradable.
6. Sirve el arroz en un plato con un poco de pimienta recién molida, las semillas de calabaza y el eneldo. Acompaña con la salsa de tahini.

(i) Con las judías blancas que te sobran puedes preparar un hummus y añadirlo a tus platos durante la semana.

Miércoles

Musaka de lenteja roja y bechamel de coliflor

1 ración | 10 minutos | + carbohidratos + proteínas - grasas

Calienta en el horno el resto que te ha quedado del lunes (pág. 144).

Utiliza la idea de este pastel para hacer tantas variantes como desees; por ejemplo, cambia las berenjenas por calabacín o las lentejas rojas por garbanzos o incluso carne. El procedimiento será muy similar y el resultado, seguro, delicioso y sorprendente.

¿Sabías que...?

La levadura nutricional se diferencia de la levadura de cerveza en que tiene muchas más vitaminas del grupo B, además de que no interviene si hay candidiasis. Tiene un sabor muy rico e intenso que recuerda a ligeramente al sabor del queso, así es fantástica para utilizar en salsas y pestos.

Jueves

Dal con brócoli y huevo

1 ración · 15 minutos · + carbohidratos + proteínas – grasas

Ingredientes

La mitad del dal (pág. 142)

1 huevo

⅓ parte del arroz nerone cocinado (pág. 141)

Unos arbolitos de brócoli cocinado (pág. 141)

Unos anacardos tostados (pág. 140)

Un poco de eneldo fresco

Preparación

1. Pasa el huevo por agua 6 minutos.
2. Calienta el dal en una olla y añade el brócoli.
3. Sirve el dal con el huevo, el arroz, el eneldo y los anacardos.

Viernes

Quinoa y coles de Bruselas salteadas con romero

1 ración — 20 minutos — + carbohidratos - proteínas - grasas

Ingredientes

⅓ T o 50 g de quinoa

Más de la mitad de las coles de Bruselas (pág. 142)

¼ T de semillas de calabaza tostadas (pág. 141)

3-4 cebolletas tiernas

2 dientes de ajo

1 cáscara de limón

⅓ c de semillas de comino

3 vainas de cardamomo

Unas ramas de romero

2-3 C de ghee (o aceite de oliva)

Un poco de pimienta negra recién molida

Preparación

Idealmente, deja la quinoa en remojo unas 4 horas antes de cocinarla para retirar los antinutrientes.

1. Hierve una taza de agua en un cazo con un poco de sal. Añade la quinoa y deja que se cocine hasta que esté al dente (serán unos 10 minutos). Retira, cuela y reserva.
2. Retira la primera capa de las cebolletas y filetéalas. Pela los ajos y trocéalos.
3. Calienta el ghee en una sartén y saltea unos minutos las cebolletas, los ajos, la cáscara de limón, el romero, las semillas de comino y las vainas de cardamomo chafadas para que suelten el aroma con un poco de sal.
4. Incorpora las semillas de calabaza y las coles de Bruselas, y saltea otro par de minutos.
5. Sirve la quinoa con el salteado por encima. Añade la pimienta negra.
6. Si lo deseas, acompaña este plato con un poco de queso parmesano rallado. También le quedará bien la salsa de tahini del martes.

ⓘ Si se te olvida poner la quinoa en remojo, lávala bien varias veces frotando para eliminar la saponina que contiene.

Sábado

Dal de lenteja roja con chili y cilantro

1 ración | 15 minutos | + carbohidratos + proteínas - grasas

Ingredientes

La mitad del dal (pág. 142)

¼ T o 50 g de lentejas rojas

Una pizca de chili en copos

⅓ parte del arroz nerone cocinado (pág. 141)

Unas almendras tostadas (pág. 140)

Unas hojas de espinaca fresca

Un poco de cilantro fresco

Preparación

Si puedes, deja a remojo las lentejas un par de horas antes para que se hidraten.

1. Hierve agua en un cacito, añade las lentejas y déjalas cocer unos 5-10 minutos o hasta que estén tiernas. Un minuto antes de retirarlas, agrega un poco de sal. Cuélalas e incorpóralas al dal.
2. Calienta el dal en una olla junto con las lentejas y el chili.
3. Sirve el dal con el arroz, junto con espinacas frescas, cilantro fresco y unas almendras tostadas troceadas.

Domingo

Crepe bretona con calabaza horneada, coles y huevo

1 ración | 15 minutos | + carbohidratos + proteínas - grasas

Ingredientes

¼ T o 40 g de harina de trigo sarraceno

⅓ T o 80 ml de agua

3-4 trozos de calabaza asada (pág. 140)

El resto de las coles de Bruselas (pág. 142)

Unas hojas de espinaca

1 huevo

Unos brotes

Unas semillas de calabaza (pág. 141)

2 C de aceite de oliva aprox.

Un poco de sal

Preparación

1. En un bol, bate bien la harina con el agua.
2. Calienta un poco de aceite en la sartén y, cuando esté bien caliente, vierte la masa de la crepe y gira en círculo la sartén para que se extienda bien por toda la superficie. Deja un par de minutos al fuego. Cuando veas que se puede despegar fácilmente, dale la vuelta y deja un minuto más. Reserva.
3. Calienta en la misma sartén los trozos de calabaza y las coles de Bruselas. Retira.
4. En la misma sartén, añade un poco de aceite y fríe el huevo.
5. Monta la crepe poniendo las espinacas troceadas, la calabaza, las coles de Bruselas, el huevo y unos brotes y semillas de calabaza. Añade un poco de sal negra y aceite de oliva por encima.

Si no dispones de harina de trigo sarraceno, puedes hacerla triturando el trigo sarraceno hasta obtener una harina fina utilizando una batidora potente (por encima de 900 W).

Cazuela de brócoli, calabaza, kale y huevo

1 ración

15 minutos

+ carbohidratos + proteínas - grasas

Si bien te la presento como cena para que la pruebes durante esta semana, tengo que decirte que estas cazuelas son ideales también como comida. En los meses de otoño y de invierno son mi recurso favorito; no puedo ni deseo evitarlo. Aunque los horneados son fundamentales, como en este caso la calabaza, lo cierto es que el huevo es el ingrediente clave que les da el toque reconfortante.

Ingredientes

2 cebolletas tiernas

2-3 hojas de col kale

3-4 trozos de calabaza horneada (pág. 140)

Unos arbolitos de brócoli en 3 minutos (pág. 141)

1 huevo

¼ c de semillas de comino

Unas pocas semillas de calabaza tostadas (pág. 141)

3 tomates en conserva

Un poco de cilantro fresco

2-3 C de aceite de oliva aprox.

Un poco de sal

Extra

Sal negra

Preparación

1. Retira la primera capa y filetea las cebolletas. Calienta un poco de aceite en una sartén. Añade los 3 tomates, el comino, las cebolletas y un poco de sal. Saltea. Incorpora el brócoli, la calabaza y las hojas de kale, saltea unos minutos.
2. Añade el huevo y tapa hasta que se cocine.
3. Sirve con un poco de cilantro fresco, sal negra, las semillas y aceite de oliva.

STAUB
STAUB

Crema de espinacas y huevo poché

3 raciones aprox.

30 minutos

\+ carbohidratos + proteínas - grasas

Aunque es cierto que el calabacín no se da en temporada de invierno, lo cierto es que es un vegetal maravilloso como cena, pues es muy práctico y fácil de digerir, además de ser la mejor base para las cremas verdes. Sé que no es lo ideal, pero lo compro todo el año, precisamente por sus cualidades. En esta crema, acompaña a la perfección a las espinacas y permite preparar una crema de verduras ligera y muy rápida. El huevo es opcional, pero no dudes en añadirlo si llegas al final del día con hambre.

Ingredientes

2 puerros grandes

3 calabacines grandes

4 ramos de espinacas frescas

Agua

5 C de aceite de oliva

Un poco de sal

Extras

Huevo poché

Pimentón ahumado

Unos brotes

Preparación

1. Trocea el puerro y saltéalo en una olla con dos cucharadas de aceite y un poco de sal. Remueve constantemente durante 1 minuto para evitar que se queme. Añade un cuarto de taza de agua, mezcla y tapa.
2. Agrega el calabacín troceado y otro poco de agua, y mézclalo. Tapa y deja unos minutos hasta que el calabacín esté tierno.
3. Por último, incorpora las espinacas algo troceadas y agua hasta casi cubrir los vegetales. Mezcla muy bien para que las espinacas se empapen y reblandezcan. Deja el tiempo justo (apenas unos minutos, de forma que conserven sus nutrientes y verdor).
4. Tritúralo todo en el vaso de la batidora (reserva un poco del caldo si es demasiado). Rectifica de sal. Lo que no vayas a comer guárdalo en tarros de cristal. Prueba y ajusta de sal a tu gusto.
5. Para que la crema sea más nutritiva, añade como topping un huevo poché: queda delicioso. Te enseño cómo se hace a continuación.

Cómo hacer un buen huevo poché

1. El huevo tiene que estar a temperatura ambiente. Rompe en un cuenco y reserva.
2. Pon una cazuelita con agua (unas 2 tazas) y una cucharadita de vinagre.
3. Lleva el agua a punto de ebullición (ese es el punto exacto para el huevo poché, muchas burbujitas, pegadas, sin llegar a hervir).
4. Da vueltas al agua en un mismo sentido para formar un remolino.
5. Vierte el huevo en el centro del remolino y deja que se cocine 3 minutos. No tienes que hacer nada más. Retira con una espumadera pasado ese rato.

Si quieres hacerlo más sencillo, haz el huevo pasado por agua 6 minutos.

Sopa de cebolla antinflamatoria

3 raciones aprox.

90 minutos

\+ carbohidratos - proteínas - grasas

Esta sopa de cebolla es lo más reconfortante que puedes imaginarte para una cena o comida en un día frío de invierno. Es la clásica sopa de cebolla francesa ligeramente reversionada para aportarle un extra de nutrición y sabor. En este sentido el ghee, la cúrcuma y la pimienta, además de un sabor delicioso, le dan un plus antinflamatorio. Te lo digo ya, vas a querer hacerla todo el invierno.

Ingredientes

5 cebollas grandes

4 dientes de ajo

½ c de cúrcuma

4-6 ramas de romero fresco aprox.

1 L de caldo vegetal

4-5 C de ghee

1 ½ c de sal

1 tostada

Queso artesano

Un poco de pimienta negra recién molida

Preparación

1. Pela la cebolla y lamínala. Pela el ajo y pártelo en trozos chiquititos. Calienta el ghee en una olla y, con la tapa puesta y a fuego medio, pocha las cebollas y el ajo con la sal. El pochado llevará una hora más o menos. Ten paciencia y remueve de vez en cuando.
2. Cuando reduzcan a la mitad, añade el romero y continúa removiendo. Se irán dorando y caramelizando: esto es precisamente lo que quieres conseguir, sin que se quemen.
3. Incorpora el caldo, tapa la olla y deja unos 15 minutos o hasta que se caliente bien.
4. Mientras, tuesta ligeramente el pan, trocea el queso y enciende el grill. Coloca el queso encima de las tostadas y derrite al grill durante unos 2-3 minutos.
5. Sirve la sopa en cuencos, pon la tostada con el queso encima y añade pimienta negra recién molida y un poco de romero fresco para decorar.

Puedes sustituir el ghee por aceite de oliva o mantequilla.
Puedes sustituir la tostada por unas lascas de queso parmesano.

Tortilla de aguacate a la sartén

1 ración

10 minutos

\+ proteínas + grasas – carbohidratos

Aunque en invierno no suele apetecerme tanto el aguacate, he descubierto que, cocinándolo a la sartén con un poco de ghee y unas especias calientes, cambia mucho la sensación. Es la forma de aportarle calor y hacerlo reconfortante. Te invito a que lo pruebes. Si te gusta, habrás encontrado un buen desayuno de invierno, muy rico en proteínas y grasas, libre de carbohidratos.

Ingredientes

2 huevos
1 aguacate
Un poco de romero fresco
1 vaina de cardamomo
Una pizca de nuez moscada
½ c de cúrcuma
Un poco de ghee
Un poco de pimienta negra
Un poco de sal
Un poco de sal negra

Preparación

1. Bate los huevos con la cúrcuma y la sal. Reserva.
2. Abre la vaina de cardamomo, extrae las semillas y pásalas por el mortero.
3. Calienta el ghee en un sartén. Añade el romero, el cardamomo y la nuez moscada.
4. Incorpora el aguacate en trozos con un poco de sal y saltea medio minuto mientras remueves.
5. Agrega el huevo por encima y tapa la sartén. Deja a fuego suave unos 8 minutos hasta que el huevo se haga.
6. Echa la pimienta y un poco de sal negra al servir.

ⓘ La cúrcuma puede ser difícil de incorporar en el huevo. La mejor forma que he encontrado es rompiendo las yemas y batiendo con paciencia con unas varillas pequeñas manuales o eléctricas.

Tostadas de manteca de almendra y tahini, miel y manzana

1 ración

10 minutos

+ carbohidratos + grasas - proteínas

Estas tostadas son todo un capricho, aunque, gracias a la mezcla de manteca de almendra y tahini, también proporcionan un buen extra de nutrición. Estoy deseando que las pruebes. Pienso que te van a gustar, aunque, desde mi punto de vista, lo mejor es que las dejes para días especiales.

Ingredientes

2 tostadas s/g o de masa madre

2 c de manteca de almendra

2 c de tahini

1 c de miel artesana

½ manzana

Zumo de limón

Un poco de romero fresco

Pimienta negra recién molida

Preparación

1. Tuesta el pan.
2. Mezcla la manteca de almendra con el tahini.
3. Quítale el corazón a la manzana y filetéala, dejando la piel. Ponla en un bol junto con el romero y un chorrito de zumo de limón, y mezcla bien.
4. Unta las tostadas con la crema, pon un poquito de miel sobre cada una y añade las rodajas de manzana. Muele un poco de pimienta negra por encima.

Porridge de chai y chía con granola de invierno

1 ración

15 minutos

+ carbohidratos - proteínas - grasas

Los porridge son palabras mayores, y si son de chai todavía más. Pocas son las veces que me lo regalo, pues la verdad es que suelo optar por desayunos con menos carbohidratos y más grasa y proteína, pero tenía que mostrarte cómo preparar esta delicia, que suele apetecer mucho en los días fríos, en esos que cuesta salir de la cama y que solo por logarlo ya nos merecemos un capricho. ;)

Ingredientes

1 T o 250 ml de leche vegetal s/a

½ T o 125 ml de agua

1 c de té chai

3 C o 25 g de copos de avena s/g

2 C o 20 g de semillas de chía

1 c de sirope de agave (opcional)

Extras

2 C de granola de invierno (pág. 198)

Un poco de miel o sirope

Preparación

1. Calienta la leche, el agua y el té en un cazo a fuego suave unos 5-10 minutos para que infusione. Filtra.
2. Pon los copos de avena y la chía en un bol junto con el agave. Vierte el té chai. Mezcla bien y deja que repose unos 10 minutos para que la chía engorde y la avena se remoje.
3. Añade la granola y el toque de sirope o miel.

Puedes tener el té chai ya preparado y filtrado de la noche anterior. En ese caso, calienta en un cazo la chía y la avena junto con el té mientras remueves hasta que coja calor y engorde.

VIVA LA ALMENDRA

Leche de almendras

1 litro

10 minutos

\+ grasas + proteínas - carbohidratos

He querido dedicar una pequeña sección a la almendra porque es un fruto que se encuentra fácilmente y nos permite preparar algunas recetas deliciosas que nos dan libertad. Y es que esta humilde semilla nos resulta de gran ayuda para minimizar tanto los lácteos como el gluten, evitando así mucho producto industrial.

Verás que es muy fácil trabajarla y los resultados son sorprendentes. Remojar las semillas, ordeñarlas, obtener leche, elaborar un queso y, con el excedente de esa leche y ese queso, hacer un pan. No sé qué opinarás tú, pero a mí me parece un círculo virtuoso perfecto.

Aunque esta receta ya se encuentra en mi anterior libro, quiero volver a mostrarla, pues es una bebida deliciosa muy fácil de preparar en casa que nos permite no usar tanta leche industrial. Su temporada ideal es la primavera y el verano, ya que es mejor consumirla fría.

Ingredientes

1 L de agua

1 T o 150 g de almendras

Preparación

Pon las almendras en remojo 8 horas.

1. Descarta el agua del remojo y lava bien las almendras bajo el agua.
2. Tritura en la batidora con el litro de agua.
3. Filtra con una tela fina de algodón o una bolsa para hacer leche vegetal.
4. Conserva unos 3-4 días en un tarro de cristal en la parte más fría de la nevera (suele ser arriba y detrás, nunca en la puerta).

Esta leche se conserva unos 3 días en nevera. Es importante que la coloques en la parte más fría, que suele ser en el estante más alto, al fondo de todo.

Ricota de almendras

275 g

20 minutos + 12 h

\+ grasas + proteínas - carbohidratos

Esta receta me tiene el corazón robado. Me la enseñó mi querida amiga y chef Rosa Asturias cuando pasé unos mágicos días en su casa de Mallorca, aunque ella insiste en que el crédito tiene que ser para Lore Salas, de quien la aprendió. Bendiciones a las dos, pues esta receta se ha convertido en una de mis superfavoritas. Su magia está en que imita increíblemente bien la ricota o queso fresco, con lo que se puede incluir en infinidad de recetas, tanto dulces como saladas. Además, los pasos para hacerla son realmente sencillos; lo único que se requiere es previsión, pues hay que prepararla un día antes de consumirla.

Ingredientes

800 ml de agua

2 T o 300 g de almendras

2 C de vinagre de manzana s/f

2 tiras de cáscara de limón

Preparación

Pon las almendras en remojo 8 horas.

1. Descarta el agua del remojo y lava bien las almendras bajo el agua.
2. Retira la piel de las almendras. Lava nuevamente bajo el grifo.
3. Pon las almendras y el agua en la batidora y tritura.
4. Filtra con una tela fina de algodón o una bolsa para hacer leche vegetal.
5. Calienta la leche resultante en un cazo a fuego muy suave. Aquí tienes que prestar atención, pues no puede llegar a hervir. Cuando veas que está a punto, porque empiezan a intensificarse las burbujitas, apaga el fuego y añade el vinagre y la cáscara de limón, mezclando ligeramente con una cuchara de madera. Tapa la olla y deja que repose una hora.
6. Prepara un colador con una tela de algodón orgánico encima y colócalo sobre un recipiente. Vierte con cuidado el contenido del cazo para que filtre el líquido y en la tela solo quede la parte espesa.
7. Con cuidado, forma un saco con la tela, de manera que quede un poco prensado. Átalo bien con una cuerda y cuélgalo en un lugar de tu cocina sobre un recipiente que recoja el líquido que vaya cayendo. Deja así 1 hora.
8. Pasada la hora, coloca el saquito de nuevo encima del colador y este encima del recipiente, e introduce en la nevera con algo de peso encima (por ejemplo, un bote de conserva). Deja tal cual en la nevera un mínimo de 10 horas.
9. Abre el saco de tela con cuidado y saca la ricota. Ya la tienes lista para consumir, aunque puedes guardarla en un tarro de cristal y conservar en la nevera unos 4 días.

(i) Pelar las almendras requiere un poco de paciencia, y de hecho, la ricota se puede hacer omitiendo este paso, pero merece el esfuerzo: de esta forma, el resultado es mucho más fino y rico.

A continuación, te muestro dos ideas para servir la ricota, una dulce y una salada. Tómalas como inspiración, pues admiten cualquier variación que imagines. Por ejemplo, en la versión dulce, con un poco de mermelada casera, compota, manzana asada o frutas frescas; en la versión salada, con unos tomates cherry caramelizados al grill, una calabaza asada o un poco de pesto.

Ricota de almendras con calabacines y espárragos

3-4 raciones | 15 minutos | + grasas - proteínas - carbohidratos

Ingredientes

- 250 g de ricota de almendras aprox. (pág. 168)
- 2 minicalabacines
- 3 espárragos trigueros
- Unas pocas hojas de espinacas baby
- Unas semillas de comino
- ⅓ c de laurel en polvo
- 1 C de aceite de oliva
- Un poco de sal
- Un poco de pimienta negra

Preparación

1. Con la ayuda de una mandolina, filetea finamente los calabacines.
2. Parte las puntas de los espárragos trigueros y córtalas en dos. Haz rodajitas de uno de los troncos.
3. Calienta un poco de aceite en una sartén y saltea los calabacines y los espárragos con el comino, el laurel y un poco de sal y pimienta negra. Añade las hojas de espinacas y saltea unos segundos más.
4. Sirve encima de la ricota con un poco de aceite de oliva, sal y pimienta negra recién molida.

Ricota de almendras con miel y nueces

1 ración | 10 minutos | + grasas + carbohidratos - proteínas

Ingredientes

- Un poco de ricota de almendras (pág. 168)
- Un poco de miel natural
- Unas pocas nueces

Preparación

1. Precalienta el horno a 200 °C. Pon las nueces en la bandeja de horno en la parte media y hornea unos 4 minutos. Ten cuidado de que no se quemen.
2. Sirve la ricota con la miel y las nueces.

¿Sabías que...?

La miel natural y cruda (que no ha sido pasteurizada) es un alimento medicinal, pues mantiene todas sus propiedades enzimáticas y conserva las de acción bacteriostática.

ⓘ Por supuesto, puedes servir con nueces sin tostar, aunque el tostado les da mucho aroma y minimiza los antinutrientes.

Crackers de almendra y semillas

Una bandeja de horno

50 minutos

+ grasas + proteínas - carbohidratos

Es cierto que uno de los grandes dilemas cuando empezamos a elaborar leche vegetal en casa es qué hacer con la pulpa sobrante. Con esta receta queda resuelta la cuestión. Utilízala como base y varíala tanto como desees, ya sea cambiando las semillas o añadiendo especias y hierbas.

Ingredientes

1 T de pulpa de almendra

½ T o 60 g + 2 C de semillas de girasol

¼ T o 40 g de semillas de lino

¼ T o 40 g + 2 C de semillas de sésamo

3 C de semillas de calabaza

3 C de aceite de oliva

½ c de sal

Preparación

1. Precalienta el horno a 220 °C.
2. Tritura con la batidora el cuarto de taza de semillas de lino, la media taza de semillas de girasol y el cuarto de taza de semillas de sésamo.
3. En un bol, pon la pulpa de almendra, la sal, el aceite, las semillas trituradas y las semillas extra enteras (2 cucharadas de semillas de girasol, 2 cucharadas de semillas de sésamo y 3 cucharadas de semillas de calabaza). Mezcla muy bien con las manos y forma una bola.
4. Prepara papel de hornear en una superficie plana, pon la bola encima, en el centro, y aplasta un poco. Pon otro papel antiadherente encima y extiende con la ayuda de un rodillo hasta que sea de un grosor de unos 3 mm (pon atención a la parte central, que no quede más gruesa).
5. Coloca en la bandeja del horno e introduce en la parte media. Baja la temperatura a 180 °C y hornea durante 20 minutos. Luego dale la vuelta (no importa si se rompe un poco) y hornea 20 minutos más.
6. Retira del horno, deja que se enfríen y conserva en un tarro en la despensa.

(i) En la receta de la falsa tarta de queso (pág. 216) te enseño otra forma de recuperar esta pulpa sobrante.

OTRAS RECETAS

Quiche de tomates cherry confitados al romero y queso feta

6-8 raciones

90 minutos

+ carbohidratos + proteínas - grasas

29 cm de diámetro

Me encantan las quiches, son perfectas para llevar a encuentros con amigos.

En esta versión te enseño a elaborar una base sin mantequilla. Queda algo dura; sin embargo, el relleno, al aportar humedad, la compensa. Utiliza esta base si no consumes lácteos.

Ingredientes para la masa

1 ½ T de harina de espelta

¾ c de cúrcuma

¼ c de sal

2 C de aceite de oliva

100 ml de agua aprox.

Ingredientes para el relleno

700 g de tomates cherry

1 buen manojo de romero fresco

8 dientes de ajo

3 chalotas

3 C de aceite de oliva aprox.

½ c de sal

1 c de azúcar de panela

3 calabacines medianos

Un poco de comino en grano

2 C de aceite de oliva aprox.

½ c de sal

100 g de queso feta de oveja

½ T o 125 ml de nata de almendra o similar

3 huevos

Albahaca para decorar

Preparación

1. Precalienta el horno a 220 °C.
2. En un recipiente de horno, coloca el romero, los tomates cherry, los ajos y chalotas fileteados, el aceite, la sal y el azúcar de panela. Mezcla bien y hornea en el centro del horno a 160 °C durante una 90 minutos más o menos, comprobando que no se quemen.
3. En un bol, mezcla la harina con la sal y la cúrcuma. Añade el aceite y el agua, y mezcla bien, terminando con las manos. Ha de quedar una masa que se pueda estirar. En caso de necesitarlo, ajusta un poco con agua o harina. Haz una bola y ponla entre dos papeles antiadherentes. Estírala con un rodillo todo lo necesario para que se acople en tu molde de quiche (el grosor será finito, unos 3 mm). Retira el papel de la parte superior y, ayudándote del inferior, vuelca la masa sobre el molde de quiche. Acopla con delicadeza y pincha el fondo varias veces. Hornea unos 15 minutos o hasta que esté hecha. Retira y reserva.
4. Con la ayuda de una mandolina, filetea los calabacines en rodajas finas y saltéalos en una sartén con aceite, sal y unas semillas de comino hasta que pierdan gran parte del agua. Retíralos del fuego y escúrrelos bien. Reserva.
5. Una vez que estén listos los tomates, reserva unos pocos, como un puñado. Pon en un bol el resto de los tomates con los huevos, la nata, un cuarto de cucharadita de sal, el calabacín y el queso feta en migas, y mezcla bien.
6. Vuelca en el molde y añade encima los tomates que has reservado. Introduce en la parte media del horno unos 20 minutos o hasta que veas que está hecha.
7. Sirve con unas hojas de albahaca fresca.

Quiche de calabaza y cebolla morada al grill

6 raciones aprox.

90 minutos

+ carbohidratos + proteínas - grasas

29 cm de diámetro

En esta otra versión con mantequilla, te enseño a elaborar una base de quiche que es un tipo de masa quebrada. Queda más suave y crujiente. En cuanto al relleno, el truco para que quede deliciosa es asar la calabaza a fuego muy lento para que su azúcar natural caramelice. Luego, pasarla por el grill intensifica su sabor. Prueba a hacerla así y verás qué resultado tan irresistible.

Ingredientes para la masa

2 T o 250 g de harina integral de espelta

1 huevo

100 g de mantequilla bio

Una pizca de sal

Ingredientes para el relleno

800 g de calabaza violín pelada

2 cebollas moradas grandes

3 C de aceite de oliva

1 c de sal

6-8 hojas de col kale aprox.

2 C de aceite de oliva aprox.

Un poco de sal

Un poco de pimienta

Un poco de tomillo seco

½ T o 125 ml de nata de almendras o similar

3 huevos

75 g de rulo de cabra aprox.

Preparación

1. Precalienta el horno a 220 °C.
2. Pela la calabaza y trocéala. Pela las cebollas moradas y filetéalas. Pon en una bandeja de horno protegida con papel de hornear y añade el aceite y la sal. Hornea en la parte media 20 minutos, remueve y hornea otros 20 minutos. Luego sube la bandeja y enciende el grill 5 o 10 minutos más. Una vez tierna y dorada, retira del horno y reserva.
3. Trocea ligeramente la mantequilla y déjala unos 10-15 minutos a temperatura ambiente.
4. Pon todos los ingredientes en un bol y mézclalos amasando muy bien con las manos para que se humedezca entera. Debe quedar una masa muy moldeable. Haz una bola.
5. Prepara un papel antiadherente y estira la masa con un rodillo todo lo necesario para que se acople a tu molde de quiche (el grosor será finito, unos 3 mm). Retira el papel de la parte superior y, ayudándote del inferior, vuelca la masa sobre el molde de quiche. Acóplala con delicadeza y pincha con un tenedor el fondo varias veces. Si se rompe en algún lugar, no te preocupes, arréglala con masa sobrante hasta que te guste.
6. Hornea unos 15 minutos. Ha de quedar hecha. Retira y reserva.
7. Lava la col kale, retira los tallos y trocea las hojas en trozos del tamaño de un bocado. Calienta un poco de aceite de oliva en una sartén y saltea la kale con un poco de sal y de tomillo a fuego suave.
8. En un bol, mezcla la nata con los huevos y un poco de sal y pimienta recién molida. Añade el queso de cabra troceado, el horneado de calabaza y la cebolla (menos una pequeña parte de los trozos más bonitos), y mezcla bien.
9. Vuelca en el molde y agrega encima la cebolla que has reservado. Hornea en la parte media del horno unos 20 minutos o hasta que veas que está hecha.

(i) **Utiliza esta receta de masa para hacer crackers, galettes o cocas.**

Sopa de primavera de guisantes, calabacín, lemongrass, menta y fideos de arroz

8 3-4 raciones

60 minutos

\+ carbohidratos + proteínas - grasas

Que no te intimide la cantidad de pasos que tiene esta receta, pues es más sencilla de hacer que de explicar y el resultado es una sopa de guisantes muy ligera y aromática que no querrás dejar de tomar. La combinación de sabores, la cremosidad, los guisantes, el calabacín y los fideos de arroz la convierten en un plato muy completo. Incorpora hojas de lima kaffir si las tienes a mano.

Ingredientes para el caldo

1 L de agua

1 rama de apio

1 puerro (la parte verde)

3 dientes de ajo

1 ramita de perejil

Un trozo de alga kombu

1 c de sal

Ingredientes para la sopa

750 ml de caldo

3 T o 300 g de guisantes congelados

1 puerro (la parte blanca)

1 calabacín mediano

Un trocito de jengibre fresco

2 dientes de ajo

2 vainas de lemongrass

½ c de semillas de cilantro

¼ c de semillas de comino

2 C de aceite de coco

4 c de sal

200 g de tallarines de arroz

200 ml de crema de coco

1 lima

Un poco de menta

Un poco de pimienta negra

Preparación

1. Hierve el litro de agua. Añade los ajos pelados y partidos en dos, la parte verde del puerro troceada, la rama de apio, la ramita de perejil, el alga kombu y 1 cucharadita de sal. Tapa y cuece unos 30 minutos. Cuela y reserva el caldo.
2. Pica el ajo y el jengibre, y machácalos en el mortero con el comino y las semillas de cilantro hasta formar una pasta.
3. Quita la primera capa de las vainas de lemongrass y, con la ayuda de un cuchillo, presiónalas mientras las ruedas para que desprendan el aroma. Pártelas en dos a lo largo y átalas bien con una cuerda de esparto.
4. En una olla, derrite 2 cucharadas de aceite de coco, añade las especias y 1 cucharadita de sal, remueve y deja que suelten el aroma unos pocos minutos.
5. Trocea el puerro y saltéalo junto con el lemongrass y 1 cucharadita de sal a fuego suave, removiendo de vez en cuando para evitar que se queme.
6. Incorpora el calabacín en rodajas y el caldo. Tapa la olla a fuego lento y, cuando rompa a hervir, añade los guisantes. Deja un par de minutos hasta que estén verde brillante y tiernos. Apaga el fuego y retira el lemongrass.
7. Tritura la mitad de la sopa en la batidora junto con la crema de coco. Reserva.
8. Cuece los tallarines de arroz en otra cazuela con agua y 1 cucharadita de sal. Cuando estén tiernos, escúrrelos bien.
9. Junta la sopa que has triturado con la parte que ha quedado en la olla, 2-3 gajos de lima, los tallarines y unas hojas de menta, y mezcla bien.
10. Sirve con un poco de pimienta negra recién molida por encima.

Sopa de verano: vichyssoise

- 4 raciones aprox.
- 60 minutos
- + carbohidratos - grasas - proteínas

La vichyssoise es un plato que siempre me transporta a mi infancia; recuerdo a mi madre cocinándola los días de verano. En esta versión, he cambiado el clásico caldo de pollo por uno hecho con los descartes del puerro y he sustituido la nata, que es difícil encontrarla ecológica y de calidad, por una crema de almendra. El resultado es una vichyssoise muy suave y ligera. Un plato que bien puede convertirse en tu fondo de nevera para los días de verano. De hecho, mi vecino Alejandro recientemente me dijo que esta vichyssoise era la más deliciosa que había probado.

Ingredientes

1,3 L de agua

1 kg de puerros (500 g de la parte blanca)

500 g de patatas

3 C o 50 g de mantequilla

½ T o 125 ml de crema de almendra

3 ½ c de sal marina

2 hojas de laurel

Un trozo de alga kombu

3 dientes de ajo

Extras

20 g de piñones

Un poco de pimienta negra

Un poco de sal negra

Unos brotes

Un poco de aceite de oliva

Preparación

1. Quita la parte verde de los puerros y lávala bien.
2. Hierve el agua y cuece la parte verde de los puerros, los dientes de ajo, el laurel, 1 cucharadita y media de sal y el alga kombu (si la tienes) durante unos 30 minutos. Cuela. Utilizarás este caldo para la vichyssoise.
3. Quita la tierra de los puerros, retira la primera capa y trocéalos.
4. Pon la mantequilla (o aceite si no utilizas mantequilla) en una olla y, cuando esté caliente, cocina en ella el puerro con las 2 cucharaditas de sal a fuego suave para que no se queme, removiendo de vez en cuando.
5. Pela las patatas y trocéalas, y añádelas al puerro cuando esté tierno. Agrega un litro del caldo y cocina media hora con la olla tapada.
6. Deja que se temple un poco y tritura en la batidora con la crema de almendra hasta obtener una crema sedosa. Prueba y ajusta de sal si es necesario.
7. Guarda en un tarro de cristal y enfría, idealmente, 12 horas en la nevera antes de servir.
8. Sirve fría con unos piñones tostados, brotes, pimienta negra recién molida, sal negra y un chorrito de aceite de oliva.

¿Sabías que...?

Al enfriar la crema en la nevera durante 12 horas, el almidón de la patata se transforma en almidón resistente, con lo que, por un lado, no alterará los niveles de glucosa en sangre y, por otro, servirá de alimento para tus bacterias intestinales.

Crema de zanahoria y calabaza con coco, cilantro y lemongrass

8 4-6 raciones

35 minutos

+ carbohidratos + grasas - proteínas

Adoro esta crema, pues es especialmente aromática. Además, la considero completamente medicinal, pues no solo tiene el poder de reconfortar el corazón en los días fríos de invierno, sino que la combinación de sus ingredientes es perfecta en este sentido, pues lleva jengibre, cúrcuma, aceite de coco y pimienta, por lo que es antinflamatoria y biodisponible, además de tener un índice glucémico muy bajo. Esta crema será tu aliada si quieres incrementar el consumo de alimentos antinflamatorios y antioxidantes.

Ingredientes

3 T o 750 ml de agua

450 g de zanahoria pelada

450 g de calabaza pelada

1 cebolla grande

Un trozo de jengibre

3 vainas de lemongrass

1 puñado de tallos de cilantro fresco

1 c de cúrcuma

⅓ c de nuez moscada

⅓ c de pimienta blanca

3 C de aceite de coco

1 ½ c de sal marina

Un puñado de cilantro

200 ml de crema de coco

Chili o pimentón ahumado

1 lima

Preparación

1. Descarta la primera capa de piel del lemongrass. Corta los extremos y parte las vainas longitudinalmente por la mitad. Luego, pártelas en dos para que no sean tan largas y cháfalas ligeramente con el cuchillo para que desprendan el aroma. Átalas con una cuerda natural.
2. Trocea la calabaza y la zanahoria. Reserva.
3. Trocea la cebolla y filetea el jengibre (debes tener como una cucharada de jengibre partido en trozos muy chiquititos).
4. Retira las hojas del cilantro y reserva para servir. Trocea los tallos.
5. Calienta el aceite de coco en una olla y cocina unos minutos en ella la cebolla, el jengibre, el lemongrass, la sal, la cúrcuma y la nuez moscada, removiendo bien. Luego, añade la calabaza, la zanahoria, los tallos de cilantro picados y la crema de coco, y mezcla bien.
6. Agrega el agua, tapa y, cuando rompa a hervir, baja el fuego y cocina suavemente unos 20 minutos. Retira del fuego y descarta el lemongrass.
7. Deja que se temple y tritura en la batidora con la pimienta.
8. Corta rodajas de lima y dóralas en una sartén bien caliente con un poco de aceite.
9. Sirve con un par de rodajas de lima, un poco de crema de coco, chili o pimentón ahumado y unas hojas de cilantro.

(i) Puedes preparar esta crema solo con calabaza o zanahoria, también quedará estupenda.

Ramen de shiitake, boniato y cilantro

4 raciones

90 minutos

+ carbohidratos + proteínas - grasas

Esta receta vio la luz uno de esos días de invierno en los que todo mi cuerpo pedía ramen. Milagrosamente, recordé una receta que había publicado años atrás en uno de mis cursos *online*, una sopa de shiitake deliciosa, y pensé que era la base perfecta: así nació esta versión de ramen a mi manera. Como casi todo lo mejor, requiere un poco de paciencia. Lo ideal es preparar el caldo, los horneados y los huevos con antelación y, así, en el momento de disfrutarla, la tendrás lista en 10 minutos. No dudes en modificar los toppings según lo que tengas en la nevera: brócoli, espinacas, zanahoria, bok choi, cebolletas o tofu ahumado le queda genial.

Ingredientes

400 g de setas shiitake
2 L de agua
2 C de tamari
Un trozo de alga kombu (opcional)
1 C de aceite de oliva
2 ½ c de sal marina
2 boniatos pequeños
1 cabeza de ajo
1 berenjena
250 g de tofu
2 c de aceite de sésamo tostado
Un poco de sal
2 C de sésamo
2 C de sésamo negro
Chili en polvo (opcional)
4 bloques de fideos de arroz para ramen
Un poco de cilantro fresco
1 boniato horneado
4 huevos
2 C de mugi miso
2 C de tamari
1 T o 250 ml de agua

Preparación

1. Precalienta el horno a 220 °C.
2. Reserva 100 g de setas shiitake, las más pequeñas.Parte el tallo de los otros 300 g de shiitake y filetéalas. Calienta una olla con el aceite y saltéalas con la sal marina a fuego alto, hasta que empiecen a perder el agua; algunas se pegarán al fondo. Añade el tamari y continúa removiendo 1-2 minutos más.
3. Agrega medio litro de agua y el agua kombu, sube el fuego y, con ayuda de una espátula de madera, rasca la base de la olla para desprender todo el fondo. Incorpora el resto del agua, tapa la olla y, cuando rompa a hervir, baja el fuego, tapa y deja unos 30 minutos. Cuela el caldo y reserva, por un lado, el caldo y, por otro, las setas shiitake.
4. Haz cubitos del tofu y colócalos encima de un trapo limpio, dóblalo y presiona para retirar el agua. Ponlos en un bol con un poco de sal y el aceite de sésamo tostado, y mezcla bien.
5. Prepara una bandeja de horno con papel de hornear y pon encima los boniatos y la berenjena enteros, el ajo partido por la mitad, las setas shiitake que has reservado al principio y el tofu. Añade aceite de oliva y sal encima del ajo y las setas. Pon una alarma a los 30 minutos: el boniato y la berenjena deben quedar bien cocinados y las setas y el tofu, dorados. Reserva en un plato a medida que estén listos.
6. Saca los huevos de la nevera y cocínalos en agua hirviendo 7 minutos. Pásalos por agua bien fría y déjalos en el cazo con agua muy fría unos 5 minutos para que se les pueda retirar bien la cáscara. Mezcla en un bol el tamari, el miso y el agua, y mete los huevos pelados a macerar como mínimo cuatro horas (hasta 24 horas en la nevera); cuanto más tiempo, más intenso el sabor del macerado.
7. Tuesta el sésamo y tritúralo con un poco de sal y chili.
8. Tritura el caldo en la batidora con la mitad de la berenjena, un trozo de boniato y la mitad de la cabeza de ajo pelada. La idea es que quede un caldo con cuerpo, ligeramente espeso y de sabor profundo. Prueba y ajusta con más boniato, berenjena y sal si lo consideras necesario.
9. Cocina los fideos según instrucciones del paquete.
10. Sirve la sopa bien caliente con los fideos, las rodajas de boniato, las setas, el tofu, el huevo partido por la mitad, el cilantro y el sésamo. Añade aceite de sésamo tostado.

Ensalada de primavera con tirabeques y patatas nuevas

ꝏ 2 raciones

◷ 30 minutos

ⓘ + carbohidratos - proteínas - grasas

Durante la primavera, me gusta encontrar cualquier excusa para cocinar con tirabeques, son mi debilidad. Estas cremosísimas vainas son hermanas de los guisantes, aunque, como se consumen enteras, se consideran una verdura. Para apreciar al máximo su textura y su sabor, lo importante es que queden al dente. En esta ocasión, he hecho esta ensalada muy simple, pues cuando el ingrediente es bueno y está en su punto poco más necesita.

Ingredientes

300 g de patata baby

150 g de tirabeques

6 rábanos grandes

Ingredientes para el aliño

¼ T o 60 ml de aceite de oliva

1 C de zumo de limón

1 C de mostaza

1 c de tamari

1 ½ c de miel

⅓ c de sal

Un poco de sal negra

Preparación

1. Retira la parte de la flor de los tirabeques.
2. Hierve agua. Añade los tirabeques y, cuando el agua rompa a hervir de nuevo, cuenta 2-3 minutos, lo justo para que estén tiernos. Retira con unas pinzas o cucharón y reserva.
3. En la misma agua, cocina las patatas baby enteras unos 15-18 minutos o hasta que estén tiernas. Cuando templen, pártelas en dos. Reserva.
4. Filetea los rábanos bien finos, idealmente con la ayuda de una mandolina. Reserva.
5. Mezcla todos los ingredientes del aliño en un vaso hasta que emulsionen. Prueba y ajusta de sabor.
6. Mezcla todo en un bol y sirve con un poco de sal negra por encima.

ⓘ Prepara las patatas con antelación y enfría 12 horas para tener una ensalada rica en prebióticos.

Ensalada de verano con sandía, albahaca y ricota de almendras

2-3 raciones

10 minutos

+ carbohidratos - grasas - proteínas

Esta ensalada es un plato fantástico para llevarte de pícnic o a una fiesta con amigos en verano. Idónea para los días en los que el sol no perdona y todo lo que nos pide el cuerpo es un trozo de sandía. Apenas tardarás cinco minutos en prepararla y verás que, al ser tan jugosa y llamativa, siempre será bienvenida. Mi recomendación es que no te compliques mucho más. Está deliciosa tal cual, siempre que tengas una buena sandía. Puedes sustituir la albahaca por menta y la ricota por queso feta; ambas opciones le quedan muy bien.

Ingredientes

1 kg de sandía con piel

Unas hojas de albahaca fresca

Un poco de ricota de almendras (pág. 168)

½ lima

Unas semillas de sésamo negro

Preparación

1. Pela la sandía y trocéala. Añade la albahaca y la ricota junto con unas cuantas semillas de sésamo negro. Sirve con unas rodajas de lima por si alguien desea añadir un poco de zumo.

Ensalada de otoño con calabaza, feta y nueces

8 2-3 raciones

⏲ 30 minutos

ⓘ + carbohidratos - proteínas - grasas

Con la llegada del otoño, empiezan a apetecernos menos las ensaladas y más los alimentos templados y calientes; de hecho, creo que no es del todo correcto llamar *ensalada* a este plato. Sea como sea, lo cierto es que, ya sea como entrante o incluso como cena, es una delicia. El truco es que la calabaza este ligeramente caramelizada en su propio azúcar, algo que conseguimos con el horneado.

Ingredientes

500 g de calabaza

Un poco de perejil

Un trozo de queso feta de oveja

¼ T o 25 g de nueces

Un poco de aceite de oliva

Un poco de sal

Ingredientes para el aliño

¼ T o 60 ml de aceite de oliva

1 C de zumo de limón

1 c de miel

2 c de vinagre de Módena o manzana

¼ c de sal

Preparación

1. Precalienta el horno a 220 °C.
2. Lava la calabaza y haz rodajas de la parte que no tiene semillas. Cuando el horno esté bien caliente, pon las rodajas sobre la bandeja protegida con papel de hornear y añade aceite y sal. Hornea en la parte media 30 minutos a 200 °C. Buscas que se doren poco a poco para que caramelicen.
3. Hornea las nueces en la parte media del horno para que se tuesten ligeramente. Calcula 4 minutos y, si no están todavía, ve probando añadiendo un minuto por vez.
4. Para el aliño, bate bien todos los ingredientes en un vaso.
5. Sirve la calabaza templada con un poco de perejil, el queso feta y las nueces. Termina con el aliño.

ⓘ **Este aliño queda rico tanto con vinagre de Módena como con vinagre de manzana. Con el primero, el resultado es más aromático y profundo; con el segundo, más ácido y ligero.**

Ensalada de invierno con cítricos y col lombarda

2-4 raciones

30 minutos

\+ carbohidratos - proteínas - grasas

Quiero dedicarle esta ensalada a mi querida amiga Nuria Roura: cuando pienso en col kale, es imposible no acordarme de ella, pues no he visto nunca a nadie disfrutar tanto con estas hojas. Esta ensalada de otoño es un placer no solo para la vista, sino también para el paladar, especialmente si te gusta mezclar el dulce y el salado. Mi invitación es que no te la guardes para ti. Llévala la próxima vez que te encuentres con familia o amigos y observa lo poco que tarda en desaparecer.

Ingredientes

300 g de col lombarda aprox.

3 hojas de col kale muy tiernas

2 naranjas

⅓ T o 25 g de almendras laminadas

¼ T o 40 g de arándanos secos

Unas hojitas de tomillo fresco

Chili en escamas

4 C de aceite de oliva

Un poco de sal

Ingredientes para el aliño

¼ T o 60 ml de aceite de oliva

2 C de vinagre de Módena

⅓ c de sal

Unos tallos de tomillo fresco

Preparación

1. Prepara el aliño mezclando bien todos los ingredientes en un bol, machacando antes ligeramente el tomillo. Reserva.
2. Retira el tallo grueso de la col kale y parte las hojas. Ponlas en un bol con un poco de sal, un cuarto de la naranja exprimida por encima y una cucharada de aceite de oliva. Masajea la col con ambas manos 1-2 minutos hasta que veas que se pone más verde y tierna. Reserva.
3. Con la ayuda de una mandolina o cuchillo grande, filetea la col lombarda finamente. Haz exactamente lo mismo que con la col kale. Reserva.
4. Tuesta las almendras en una sartén. Reserva.
5. Lava la naranja y desgájala con la piel. Haz lo mismo con la mitad que te sobra del aliño. Pon un poco de chili por encima del gajo.
6. Calienta un poco de aceite de oliva en una sartén y, cuando esté bien caliente, dora los gajos de naranja por cada lado.
7. Mezcla todo en un bol, añade los arándanos y sirve.

(i) Si no encuentras col kale, puedes usar unas hojas de espinacas baby, en cuyo caso no hará falta masajear.

Granola de verano con remolacha, limón, jengibre y pistachos

400 g aprox.

40 minutos

\+ carbohidratos - grasas - proteínas

Esta granola tiene la cualidad de embellecer cualquier desayuno, pero, además de su bellísimo color, su combinación de aromas, donde destacan el jengibre y limón, resulta irresistible. Acompaña con ella un yogur, un pudding de chía, un vaso de leche o un helado, o como topping de un gofre o panqueque.

Ingredientes

2 C de remolacha en polvo

2 T o 200 g de copos de avena s/g

½ T o 40 g de almendra laminada

3 limones (la ralladura)

1 c de jengibre seco

¼ c de vainilla en polvo

Una pizca de sal

3 C o 25 g de azúcar de panela

⅓ T o 80 ml de aceite de coco derretido

2 C o 30 ml de aceite de coco (extra)

¼ T o 35 g de pistachos crudos (opcional)

2 C o 20 g de arándanos rojos deshidratados

½ T o 25 g copos de coco

Preparación

1. Precalienta el horno a 220 °C.
2. Hierve agua en una cazuela pequeña y pon un bol encima para derretir suavemente todo el aceite de coco.
3. Pon los copos de avena en un bol grande con la sal, la vainilla y el jengibre.
4. En otro bol, mezcla bien el tercio de taza del aceite de coco con la remolacha en polvo.
5. Combina ambas preparaciones anteriores y mezcla muy bien para que quede todo integrado. Incorpora las almendras, la ralladura de los limones y el azúcar, y mezcla bien. Agrega las otras 2 cucharadas de aceite de coco y mezcla de nuevo.
6. Esparce la mezcla sobre una bandeja de horno protegida con papel de hornear y hornea a media altura a 180 °C durante 5 minutos. Remueve y hornea 5 minutos más (con cuidado de que no se dore o perderá el color rosado). Si ves que necesita algo más de tiempo, déjalo dos minutos más.
7. Una vez fuera del horno, añade los arándanos laminados o enteros y los pistachos enteros o partidos por la mitad.

ⓘ La remolacha en polvo se puede sustituir por dos remolachas medianas. En ese caso, pela la remolacha y pásala por una extractora de zumo. Luego, pon en un bol la avena y el jugo de remolacha (⅓ T o 80 ml), y mezcla bien. Continúa con el paso a paso de la receta.

Granola de invierno con naranja, canela, clavo y cardamomo

400 g aprox.

40 minutos

+ carbohidratos - grasas - proteínas

Te presento mi granola favorita. Hace tiempo que la preparo en casa; de hecho, esta receta la publiqué hace muchos años en mi blog, Lala Kitchen, que fue donde empecé a compartir mis recetas de alimentación saludable. Gracias a las especias que lleva y al profundo aroma que desprende, esta granola tiene el poder de calentar corazones, con lo que es complicado no quererla. Algo me dice que, si la pruebas, tú también te vas a enamorar de ella.

Ingredientes

3 T o 300 g de copos de avena s/g

¾ T o 80 g de nueces pacanas

¾ T o 80 g de almendras

1 C de canela en polvo

1 c de vainilla en polvo

¼ c de cardamomo en polvo

¼ c de clavo en polvo

1 naranja (la ralladura)

2 c de jengibre fresco rallado

¼ T o 50 g de azúcar de panela

¼ T o 80 g de aceite de coco derretido

½ T o 90 g de arándanos rojos deshidratados

Preparación

1. Precalienta el horno a 220 °C.
2. Trocea los frutos secos y mézclalos en un bol con todos los ingredientes secos (menos los arándanos).
3. Añade el aceite de coco derretido y mezcla bien. Incorpora el sirope de arce y vuelve a mezclar. Prueba si está a tu gusto de dulce y, si crees que falta, añade una cucharada más.
4. Extiende sobre una bandeja de horno protegida con papel de hornear y hornea a media altura bajando la temperatura a unos 180 °C.
5. Pon una alarma a los 5 minutos. Abre el horno, mezcla el muesli y hornea 5 minutos más. Remueve de nuevo y deja 2 minutos más o hasta que esté ligeramente dorado. Saca del horno, añade los arándanos, mezcla bien y deja enfriar antes de enfrascar.

Rosemary latte

1 ración

10 minutos

+ carbohidratos - grasas - proteínas

Este latte es todo suavidad y delicadeza. Lo inventé un invierno en Ibiza tras recoger unos limones y un poco de romero mientras paseaba. Tenía remolacha en casa y probé a hacerlo. El resultado no pudo gustarme más; de hecho, no he tenido que modificar nunca la receta original, pues ya era perfecta. Tanto si deseas regalarte un momento especial como compartir este momento con alguien, tienes que preparar este latte.

Ingredientes

1 T o 250 ml de leche de almendra o coco

Un trozo de remolacha fresca

15 hojitas de romero fresco aprox.

1 tira de cáscara de limón (solo la parte amarilla)

Un trozo pequeño de jengibre pelado

1 c de miel cruda ecológica

Preparación

1. Si tienes una batidora potente, bate todos los ingredientes del latte durante 5-8 minutos para que salga caliente. En caso de que no sea tan potente, ponlos todos menos la miel y bate 1-2 minutos. Cuela si es necesario, calienta en una cazuela y pon la miel ya en la taza.
2. Para servirlo bien bonito, puedes espumar leche vegetal con un batidor eléctrico y añadirla encima junto con un poco de polvo de remolacha (si tienes) o servir con unas hojitas de romero encima de la espuma. Si no te quieres complicar, sírvelo con una ramita de romero dentro del vaso, pues también queda muy bonito.

La remolacha puede ser fresca o cocida; con un trozo pequeño, bastará. También puedes usar polvo de remolacha, en cuyo caso necesitarás 1 cucharadita.
Para hacer este latte frío, tritura todo en la batidora y, antes de finalizar, añade una buena cantidad de hielo.
Esta es la receta original, aunque, si deseas que resulte aún más delicado y aromático, añade 2 cucharaditas de agua de rosas. Recientemente, lo probé para celebrar el cumpleaños de una amiga muy querida y fue un éxito total.

Golden latte medicinal

8 raciones
10 minutos
+ carbohidratos + grasas - proteínas

Sin duda alguna, esta es una de mis bebidas favoritas en los meses fríos. Es una antigua receta procedente de la tradición ayurveda que aprendí hace muchos años, cuando era estudiante de yoga. Mi maestra, Sat Guru, nos la recomendó para cuidar las articulaciones, pues pasábamos largas horas sentados meditando y teníamos dolores. Desde entonces, siempre me acompaña. Esta bebida es medicina. En esta receta, te explico cómo hacer la pasta para que la tengas a mano cuando desees elaborar un latte.

Ingredientes

4 C de cúrcuma
2 c de jengibre molido
2 c de canela molida
½ c de pimienta blanca molida
⅓ c nuez moscada molida
⅓ c de clavo molido
3 C de aceite de coco derretido
2 C de agua caliente
2 c colmadas de miel cruda
1 T o 250 ml de leche vegetal de coco o almendras s/a

Preparación

1. Derrite el aceite de coco y calienta el agua.
2. Pon todas las especias en un bol y mézclalas. Añade el aceite de coco y el agua, y mezcla para que se incorporen. Por último, agrega la miel y mezcla nuevamente hasta obtener una pasta.
3. Guarda la pasta en un tarro de cristal y conserva en la nevera unas 3 semanas.
4. En el momento de preparar el latte, pon a calentar la leche en un cazo y, por cada taza, añade una cucharadita bien colmada de la pasta. Mezcla bien en el mismo cazo mientras se calienta.
5. Evita que hierva para que la miel no pierda sus propiedades medicinales.

ⓘ Para hacer este latte en versión fría, bate con la batidora la leche y la pasta con unos cubitos de hielo.

Chai frappé

8 3 raciones

60 minutos

\+ carbohidratos - grasas - proteínas

Este chai frappé es absolutamente irresistible, la opción ideal para cuando apetece algo goloso en días de pleno verano y de calor. ¿Te cuento una cosa? Añadiéndole un poco de cacao en polvo obtendrás muy fácilmente otra versión.

Ingredientes

500 ml de leche de almendras de brik

3 c de té chai

2 C de manteca de almendra tostada

3 dátiles Medjool

10-12 hielos

Un poco de canela en polvo

Preparación

1. Pon la leche en un cazo con el té chai y calienta hasta que rompa a hervir. Deja hirviendo a fuego muy suave durante 2-3 minutos. Apaga el fuego y tapa el cazo para que repose unos 10 minutos.
2. Fíltralo, deja que se temple y guarda el té chai en un tarro en la nevera. Lo tendrás listo para cuando desees hacerte el frappé.
3. En el momento de hacerlo, pon el té en la batidora junto con los dátiles y la manteca de almendra tostada. Tritura. Luego añade el hielo y tritura hasta obtener un frappé. Si ves que necesita más hielo, añádelo.
4. Decora con un poco de canela en polvo.

Puedes aligerar esta receta omitiendo la manteca y empleando menos dátiles.

Matcha frappé

1 ración

5 minutos

+ grasas - proteínas - carbohidratos

Este es mi latte favorito por excelencia: durante los meses de más calor, es raro el día que no me lo hago. Me gusta porque soy muy amante del matcha, tanto por su sabor como por sus propiedades antioxidantes. Es importante anotar que este latte está especialmente rico con la leche de almendras casera, y, de hecho, para mí endulzarlo es prácticamente una ofensa. Es un capricho maravilloso: me hidrata, me satisface y me encanta. Ojalá lo disfrutes tanto como yo, y este matcha te invite a consentirte prescindiendo del dulce.

Ingredientes

200 ml de leche de almendras fría (pág. 166)

¼ c de matcha ceremonial

6 hielos aprox.

Preparación

1. Pon todos los ingredientes en la batidora y tritura hasta obtener un frappé.
2. Ajusta de hielo si necesitas.

Malabí

6 raciones

40 minutos

+ carbohidratos - grasas - proteínas

Este postre está en la carta de uno de mis lugares favoritos en Ibiza, el restaurante La Paloma. Es un postre israelí y cuando lo descubrí, me enamoré. Desde entonces no hay comida que termine sin él. Me gusta porque es ligero y tiene un delicioso aroma a rosas, y por eso he querido compartirlo contigo. Creo que he conseguido un buen resultado con esta receta: deseo que te guste tanto como a mí.

Ingredientes para la crema

½ T o 50 g de arrurruz o maicena

2 ½ T o 600 ml de leche de coco s/a

½ T o 125 ml agua

3 C de agave

2 C de agua de rosas

Ingredientes para el sirope de rosas

2 C de sirope de agave

2 C de agua de rosas

Extras

1 mango

¼ T o 30 g de almendras

Unas rosas secas

Preparación

1. Diluye bien el arrurruz o maicena en el agua y reserva.
2. Pon la leche de coco en un cazo, añade el agave y el agua de rosas y mezcla bien. Calienta suavemente hasta que esté a punto de hervir.
3. Añade el arrurruz y remueve sin parar con el fuego al mínimo hasta que espese mucho: vierte en varios vasitos y reserva.
4. Pela el mango y tritúralo en la batidora hasta hacer una pasta.
5. Añade una cucharada en cada vasito, mételos en la nevera y deja enfriar unas 6 horas.
6. Pon las 2 cucharadas de sirope de agave y las 2 de agua de rosas en un cazo y lleva a hervir muy suavemente. Deja que hierva unos 5 minutos. Añade unas pocas rosas secas y guárdalo en un tarrito.
7. Filetea las almendras, tuéstalas en una sartén y reserva.
8. En el momento de servir, añade un poquito del sirope de rosas en cada vasito, unas pocas almendras y unas rosas secas.

ⓘ Para esta receta debes utilizar bebida vegetal de coco, no leche de coco enlatada.

Cookies de avena y chocolate

ꝏ 14 galletas aprox.

30 minutos

+ carbohidratos - proteínas - grasas

La verdad sea dicha: por más que los adultos nos deleitemos con ellas, lo cierto es que no sabemos si una galleta está del todo buena hasta un niño no da su aprobación. Una tarde de julio, llevé mis dos últimos tipos de galleta a un encuentro en el que sabía que iban a estar los hijos de unos amigos, Leo y Noah, de seis y cuatro años. Cuando Leo, tímidamente, me vino a pedir otra al cabo de un rato, supe que estas galletas se habían ganado su lugar en el libro.

Ingredientes

2 T o 200 g de copos de avena s/g

1 T o 100 g taza de harina de almendras

½ T o 70 g de harina de trigo sarraceno

½ T o 125 ml de aceite de coco derretido

½ T o 50 g de azúcar de coco o panela

2 plátanos maduros

½ c de vainilla

½ c de canela

Una pizca de sal fina

2 tabletas de chocolate 85 % picado

¼ T o 40 g de semillas de sésamo

Preparación

1. Precalienta el horno a 220 °C.
2. Tritura los copos de avena con la batidora hasta obtener harina.
3. Derrite el aceite al baño maría.
4. En un bol, machaca bien el plátano, añade el aceite de coco derretido y, con ayuda de unas varillas, mezcla bien.
5. Pon en otro bol los demás ingredientes (menos las semillas de sésamo) y mezcla muy bien. Añade la mezcla de plátano y vuelve a mezclar con una cuchara de madera. Si ves que la masa es un poco líquida, agrega una pizca más de harina de trigo sarraceno. Debes poder hacer las galletas con las manos.
6. Da forma a las galletas y rebózalas ligeramente en las semillas de sésamo para que se adhieran unas cuantas.
7. Colócalas en una bandeja de hornear protegida con papel de repostería y hornea a media altura unos 15-18 minutos (deben estar un poco blanditas al tacto).
8. Deja enfriar y disfruta.

ⓘ Puedes usar harina de avena para esta receta.

Tartaleta de higos

8 4 raciones

30 minutos

\+ carbohidratos - proteínas - grasas

Adoro esta tartaleta porque es muy rápida y fácil de hacer y queda espectacular con cualquier fruta que desees añadirle, tanto frescas como horneadas, incluso en mermelada, aunque lleva años siendo mi tarta de fin de verano. Si encuentro unos higos tan bellos como los de la foto, tengo la necesidad de prepararla. ¿Puntos a favor? Queda preciosa, es muy ligera y tiene muy poquito azúcar añadido.

Ingredientes para la base

1 T o 150 g de copos de avena s/g

½ T o 60 g de nueces

2 C de azúcar de panela

1 limón (la ralladura)

Una pizca de sal

3 C de aceite de coco

Extras

1 ½ T o 360 g de yogur de coco denso

1 c de miel cruda ecológica

Una pizca de vainilla en polvo

8 higos aprox.

Un poco de menta

1 C de piñones

Preparación

1. Precalienta el horno a 220 °C.
2. Tuesta las nueces en el horno 4 minutos.
3. Tritura con la batidora o robot de cocina los copos de avena, las nueces, la ralladura de limón, la sal y el azúcar hasta obtener una textura de harina.
4. Vuelca en un bol y añade el aceite de coco derretido. Mezcla con una cuchara y termina con las manos. Ha de quedar una masa que se pueda extender, húmeda, sin ser excesivamente pegajosa. Ajusta como necesites.
5. Con la ayuda de un rodillo, extiende la masa entre dos papeles antiadherentes y ponla en la bandeja de horno, retirando el papel superior.
6. Baja la temperatura a 180 °C y hornea en el centro unos 7 minutos o hasta que esté ligeramente dorada. Retira del horno y deja enfriar.
7. Mezcla el yogur con la miel y la vainilla. Reserva.
8. Minutos antes de servir, pon el yogur sobre la base, añade los higos, un poco de miel, los piñones y unas hojas de menta.

Si tomas mantequilla, te recomiendo preparar la base utilizando la receta de la masa quebrada de la tarta de fresas (pág. 214). Saldrá algo más de cantidad, así que con el sobrante puedes hacer crackers dulces horneándola tal cual estirada. También quedará deliciosa sustituyendo el yogur de coco por la ricota de almendras (pág. 168).

Tarta de fresas

6-8 raciones

90 minutos

+ carbohidratos + grasas - proteínas

29 cm de diámetro

Esta tarta no solo es espectacular a la vista, sino que además es deliciosa. Apenas tiene azúcar y la fruta no pasa por el horno, con lo que mantiene todas sus propiedades antioxidantes, así como sus nutrientes. Además, en esta receta te muestro cómo sustituir la gelatina por agar agar, un alga transparente con la que se logra el mismo resultado y es infinitamente más saludable y ética que las gelatinas comerciales. Otras frutas con las que puedes hacer esta tarta sin pasar por el horno son melocotones, albaricoques, cerezas o mandarinas. Si lo deseas, omite el tomillo. ¿Quieres un bonus extra? Prueba a rellenarla de chocolate: te enamorará.

Ingredientes para la base

2 T o 250 g de harina integral de espelta

1 huevo

100 g de mantequilla bio o de pasto

¼ T o 40 g de azúcar de coco o panela

Una pizca de sal

Ingredientes para el relleno

800 g de fresas pequeñas

1 T o 250 ml de zumo de manzana

1 manojo pequeño de tomillo

1 ½ c de agar agar

2 c de arrurruz o maicena

¼ c de vainilla en polvo

⅓ T o 50 g de azúcar de coco o de panela

Una pizca de sal

Preparación

1. Precalienta el horno a 220 °C.
2. Deja la mantequilla a temperatura ambiente unos 10 minutos.
3. Tritura el azúcar en una batidora para dejarlo fino.
4. En un bol, mezcla la harina, el azúcar y la sal.
5. Añade el huevo y la mantequilla troceada. Mezcla con las manos hasta que consigas una masa moldeable. Haz una bola.
6. Prepara un papel antiadherente y estira la masa con un rodillo (si se pega, espolvorea un poco de harina por encima). Extiende en un grosor de unos 3 mm. Vuélcala encima del molde y retira con cuidado el papel. Elimina la masa sobrante. Pincha bien el fondo con un tenedor. Si se rompe en algún lugar, arréglala con masa sobrante.
7. Hornea a 200 °C a media altura unos 14-15 minutos. Retira y reserva.
8. Quita el rabito verde de las fresas y ponlas en un bol.
9. Mezcla el arrurruz con un poquito de zumo de manzana o agua. Reserva.
10. Pon el zumo de manzana en un cazo con el tomillo fresco, lleva a hervir a fuego muy suave. Deja hirviendo dos minutos y retira el tomillo.
11. Retira del fuego, añade el agar agar, la vainilla y el azúcar, mezcla bien y vuelve a llevar al fuego al mínimo y, sin dejar de remover, deja que engorde: verás que se forma una gelatina. Agrega rápidamente el arrurruz, mezcla y deja que espese, retira del fuego e incorpóralo a las fresas. Mezcla rápidamente.
12. Vuélcalas en el molde y acopla bien.
13. Enfría un rato en la nevera antes de servir. Puedes servirla tal cual o con un poco de helado de coco, nata, yogur de coco o ricota de almendras (pág. 168).

¿Sabías que...?

El arrurruz es un almidón procedente de una raíz. Me gusta más que la maicena porque es de más calidad y se digiere mejor; además, alivia el síndrome de intestino irritable.

Falsa tarta de queso

6 raciones
40 minutos

+ grasas + proteínas - carbohidratos
15 cm de diámetro

Tan pronto como aprendí a hacer la ricota de almendras, pensé en hacer una tarta de queso con ella, pues para mí el problema con las tartas de queso tradicionales es que es muy difícil encontrar un queso de buena calidad para hacerlas. No las tenía todas conmigo sobre el resultado, ¡pero salió bien! No me puede gustar más tal cual está, pero con un poco de mermelada de frambuesas o arándanos también debe de quedar riquísima.

Ingredientes para la base

¾ T o 30 g de pulpa de almendra

2 C de azúcar de coco

¼ c de vainilla en polvo

3 C de aceite de coco

Ingredientes para el relleno

250 g de ricota de almendras (pág. 168)

2 huevos

2-3 C de sirope de agave

Preparación

1. Precalienta el horno a 180 °C. Mezcla la pulpa de almendra con el azúcar, añade el aceite de coco derretido y remueve bien con las manos. Debe quedar una masa que se prense bien, no aceitosa.
2. Forra la base del molde con papel de hornear y pinta las paredes con un poco de aceite.
3. Presiona la base de galleta en el fondo del molde.
4. En un bol, mezcla bien la ricotta con los huevos y el agave. Vierte dentro del molde.
5. Introduce en la parte media del horno y hornea 20 minutos por arriba y por abajo. Luego acércala al grill y hornea 5 minutos más, hasta que esté ligeramente dorada.
6. Retira del horno, deja enfriar una hora y, sin retirarla del molde, introdúcela en la nevera al menos dos horas más.

La pulpa de almendra se hace secando la pulpa sobrante que queda en la bolsa al hacer leche de almendra, ya sea al sol o al horno.
En días de verano es tan sencillo como extenderla en una bandeja y dejarla al sol todo el día, removiendo una o dos veces para que se seque de forma homogénea. En días de otoño o invierno se puede secar al horno a unos 150 °C y removiendo de vez en cuando. Una vez que está bien seca basta con triturarla en la batidora y tamizar con un colador. Se conserva igual que una harina.

(i) También puedes hacer la tarta sin la base de galleta.

Tarta de chocolate y chili

8 raciones

90 minutos

+ grasas + carbohidratos - proteínas

18 cm de diámetro

Llevo demasiado tiempo soñando con replicar la tarta de chocolate y chilli de uno de mis lugares superfavoritos aquí en la isla, Eat Is Life. Mi amiga Arantxa lo sabe bien, pues ella, como yo, es fan absoluta de esa tarta de chocolate cuya consistencia y sabor son insuperables. Con motivo de este libro por fin me puse a ello, y me encerré en la cocina con la intención de no salir hasta conseguirlo. Estoy muy satisfecha con el resultado: sabía que la tarta llevaba muchos huevos, mantequilla y muy poca harina, así que busqué una receta que se le pareciese y la versioné haciendo algunos ajustes, como intercambiar la mantequilla, que prefería omitir, por manteca de almendra.

El resultado es una tarta exquisita, sin gluten ni lácteos y con un ligero sabor a chili (que puedes omitir si lo deseas). Ya tenemos tarta de celebración. Paula, Arantxa, estoy deseando que la probéis.

Ingredientes para la tarta

½ T o 65 g de azúcar de coco o panela

2 C de cacao en polvo

½ c de vainilla en polvo

¼ c de sal

½ c de chilli en polvo

5 huevos

225 g de chocolate al 70 %

½ T o 125 ml de manteca de almendra

Ingredientes para la ganache de chocolate

125 g de chocolate al 70 %

⅓ T o 80 ml de nata de almendra o coco

Extra

50 g de avellanas tostadas

Preparación

1. Precalienta el horno a 180 °C. Forra la base del molde con un poco de papel de hornear y pinta con aceite las paredes.
2. Pon en una batidora los 5 primeros ingredientes y tritura hasta pulverizarlos. Vuelca en un bol grande y reserva.
3. Derrite el chocolate al baño maría, colocando un bol sobre una olla con agua hirviendo. Una vez derretido, añade la manteca de almendra y mezcla bien para que se integre. El resultado debe ser homogéneo, sin grumos. Reserva.
4. Separa las claras de las yemas: bate las claras a punto de nieve, y añade las yemas a la mezcla de azúcar y cacao e incorpora suavemente.
5. Añade el chocolate derretido con la manteca poco a poco al bol con las yemas y el azúcar y mezcla de forma envolvente para lograr una pasta homogénea. Incorpora poco a poco las claras a punto de nieve, removiendo de forma envolvente hasta que quede perfectamente incorporado.
6. Vierte el contenido en el molde y hornea en la parte media del horno durante 23-25 minutos. Retira del horno y reserva para que se temple.
7. Para hacer la ganache, derrite el chocolate tal y como has hecho antes, añade la nata y mezcla muy bien. Cuando la tarta se haya enfriado, extiéndela a tu gusto por encima y decora con las avellanas partidas.

Puedes hacer la tarta doble multiplicando los ingredientes por dos y horneando dos masas. La ganache la pondrías entonces entre ambas tartas y también por encima. De hecho, la tarta de Eat is Life es así.
Al decir *nata* me refiero a los briks de crema espesa que se utiliza para cocinar.
Mi chocolate favorito para hacer esta tarta es la tableta especial para postres de Vivani.

Conclusión

Estamos viviendo un momento en la humanidad en el que se nos invita a cuestionarnos cosas, a mirar hacia dentro, a observar profundamente nuestras ideas, a revisar nuestros valores.

No podemos olvidar que vivimos en un tiempo en el que se nos impulsa constantemente a la prisa, al consumo y al exceso. La pregunta que deberíamos hacernos es: ¿a quién beneficia esto?

Tenemos una vida excesiva y, al mismo tiempo, sentimos un gran vacío interior, que llenamos de ruido y de comida.

Necesitamos mucho menos, muchísimo menos de todo. De hecho, casi todos nuestros problemas vienen de la acumulación.

Hemos dedicado poco tiempo a reflexionar sobre quiénes somos, sobre nuestros valores, lo que realmente es importante y deseable para nosotros como humanidad, lo que de verdad merece esfuerzo y ganas porque es valioso, porque enriquece y honra la vida.

Esta falta de reflexión hace que nos dejemos arrastrar por ideas sociales que no son nuestras, que tampoco nos cuestionamos y que nos alejan de nuestros instintos.

Trayendo esto a nuestra forma de relacionarnos con el alimento, es necesario recuperar el valor de lo sagrado, saber que nuestras elecciones tienen un impacto en nuestra salud, así como en el ecosistema y en la justicia social y medioambiental.

Es el momento de recuperar nuestra sabiduría ancestral, nuestro instinto y nuestro poder personal. Nuestra salud es lo primero y nuestra vida y acciones importan. Es el momento de apreciar toda forma de vida y honrar el alimento, amarlo, celebrarlo, cuidarlo.

Cómo nos relacionamos con el entorno es una pregunta que debemos hacernos, pues cómo decidimos vivir tiene un impacto.

Somos pequeños planetas dentro de un gran universo. Cada uno de nosotros es importante y cuenta en la salud del gran universo.

Hagamos del regreso a una alimentación natural, sencilla, local y de temporada nuestra forma de vida, sabiendo que en esta fórmula no hay error.

Cuando tengamos hambre, nutrámonos con alimento: tomemos un puñado de almendras en vez de unas patatas fritas o galletas. Cuando estemos sobrecargados, inhalemos profundamente, tumbémonos sobre la tierra a mirar el cielo, bailemos, recordemos que nada es tan importante, que lo único que cuenta en esta vida es hacer el bien y ser feliz.

Seamos felices.

Somos naturaleza. Todos formamos parte de este hermoso ecosistema. Amémoslo y vivamos de la forma más responsable que podamos, cuidémonos, cuidemos, protejamos lo sagrado, tengamos vidas en coherencia con nuestra verdad interior y dejemos a nuestro paso un bello y hermoso legado.

Con todo mi cariño y mi deseo de salud para ti,

Elka

«Existe al menos un lugar en el universo que con toda seguridad puedes mejorar, y ese lugar eres tú.»
Aldous Huxley

Happiness Does Not Wait
Ólafur Arnaud

Busca esta canción, cierra los ojos y deja que nutra tu corazón.

Índice de recetas

Agradecimientos

Deseo agradecer muy especialmente a la doctora Lucía Redondo su gran ayuda en la revisión de las páginas de nutrición, algo que valoro mucho, pues contar con su valioso conocimiento y profesionalidad me ha dado mucha tranquilidad.

Asimismo, al gran equipo de Lunwerg, Javier e Irene, por esperar durante tanto tiempo este nuevo libro y recibirme con los brazos abiertos, y por concederme todas las pruebas de impresión. También por el impecable y gran trabajo de precisión que han hecho Marta e Irene durante el proceso de revisión.

Agradecimiento también para mi amigo Mattew (Lo Fang), pues si no hubiese visto el brillo en sus ojos al hojear mi anterior libro y no me hubiese dicho, contundente: «Elka, tienes que hacer este», en un momento en el que yo sentía mucha flaqueza, probablemente este libro no hubiese visto la luz.

Y para Cristina, por su gran ayuda revisando las semanas de demostración con tanta dedicación. Gracias por preguntarme hasta el más mínimo detalle: te adoro.

También quiero agradecer a Anna, mi fantástica *vision manager*, por impulsar y facilitar tanto mi trabajo y porque tu opinión siempre es de gran valor.

A Montse, porque gracias a tu impecable dedicación he podido permitirme estos meses de creación, sabiendo que lo importante estaba siendo atendido.

A Alejandra, por tu bellísima mirada a través de la cámara, por lo fácil que es trabajar contigo y por lo mucho que disfrutamos y nos reímos juntas.

A mi querida Rosa Asturias, por tus constantes muestras de cariño, por abrirme las puertas de tu cocina y porque esos días en vuestra casa no solo fueron un regalo de la vida, sino que marcaron el principio otra vez. Os quiero mucho a los dos, pues sabéis bien que con Claudio sois un *pack*.

A mis vecinos, Carol y Alejandro, por estar siempre dispuestos a probar mis platos, por traerme siempre vegetales de vuestro huerto y por las fantásticas maderas envejecidas del jardín, que han sido mi gran comodín. Gracias también, Carol, por tu consejo, que tanta paz me dio en un momento de mucha intensidad durante la recta final.

A Jordina, de Jor Ceramics, por escribirme y enviarme tus bellísimas cerámicas. Y a ti también, Miriam, de Mimi Ceramics: qué bonita sorpresa el paquete que recibí.

Agradezco también a Atelier 74 el haberme dejado durante tanto tiempo el atrezzo tan bonito para fotografiar.

Muy agradecida a Terra Viva, por abrirme con tanta amabilidad las puertas de este fantástico proyecto regenerativo en Ibiza y dejarme hacer unas fotografías en el huerto.

También a Juntos House: gracias por ofrecerme vuestro espacio para realizar unas últimas fotografías.

Y a Lele, Luis y Angie, del equipo de Harena Studio, por maquetar con tanta belleza un libro tan complejo. Gracias por vuestra escucha y disposición siempre. Juntos hacemos un gran equipo.

También quiero dedicar un pequeño agradecimiento a mis amigas, a todas: Mónica C., Sandra, Sonia, Arantxa, Alba F., Alba, Raquel, Cris, Corina, Esther, Nuria, Isolda, Amaia, Rosana, Momo, Marta, Olga, Mónica M., porque teneros en mi vida es un tesoro. Gracias por estar siempre, por vuestro apoyo, por vuestro impulso, por ilusionaros conmigo y por vuestra valiosísima opinión. Qué fortuna conocernos y saber que, pase lo que pase, nos tenemos siempre.

Y, por último, a todas las personas que a lo largo de los años me habéis escrito mensajes a través de todos los medios para hacerme saber que mi trabajo os ha ayudado de un modo u otro: cada uno de vuestros mensajes toca mi corazón y me confirma que estoy en el buen camino, haciendo lo que tengo que hacer.

Elka Mocker es graduada por el Institute for Integrative Nutrition de Nueva York, por el Instituto Ann Wigmore como educadora de salud con alimentos vivos y por la Matthew Kenney Culinary Academy como chef especializada en alimentación vegetal.

Hasta los treinta años se dedicó al mundo de la moda, el cine y la publicidad, pero una fuerte crisis existencial y de salud la llevó a romper con todo y a adoptar una nueva manera de entender y vivir la vida.

Desde entonces, su trabajo se centra en la divulgación para recuperar nuestra conciencia, armonía, salud y capacidad de transformación a través del encuentro con la naturaleza y la escucha interior. Su aproximación a la alimentación está inspirada en la naturaleza y en su convencimiento de que en el alimento natural, así como en el respeto de los procesos de nuestra biología, está nuestra medicina.

www.elkamocker.com
@ama.come.vive.brilla